书山有路勤为径，优质资源伴你行
注册世纪波学院会员，享精品图书增值服务

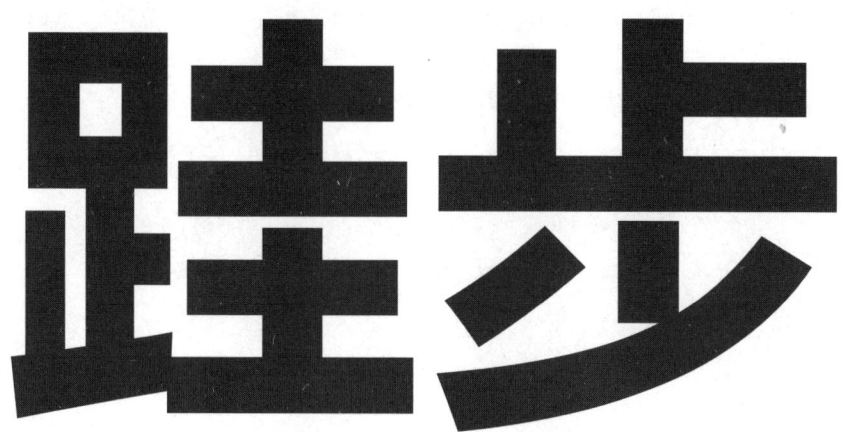

精益实践第一步

杨廷旺 ◎ 著

电子工业出版社
Publishing House of Electronics Industry
北京·BEIJING

未经许可，不得以任何方式复制或抄袭本书之部分或全部内容。

版权所有，侵权必究。

图书在版编目（CIP）数据

跬步：精益实践第一步 / 杨廷旺著. —北京：电子工业出版社，2024.1

ISBN 978-7-121-47073-8

Ⅰ. ①跬… Ⅱ. ①杨… Ⅲ. ①企业管理 Ⅳ. ①F272

中国国家版本馆 CIP 数据核字（2023）第 252977 号

责任编辑：吴亚芬
印　　刷：三河市鑫金马印装有限公司
装　　订：三河市鑫金马印装有限公司
出版发行：电子工业出版社
　　　　　北京市海淀区万寿路 173 信箱　邮编：100036
开　　本：720×1000　1/16　印张：12.75　字数：209 千字
版　　次：2024 年 1 月第 1 版
印　　次：2024 年 1 月第 1 次印刷
定　　价：68.00 元

凡所购买电子工业出版社图书有缺损问题，请向购买书店调换。若书店售缺，请与本社发行部联系，联系及邮购电话：（010）88254888，88258888。

质量投诉请发邮件至 zlts@phei.com.cn，盗版侵权举报请发邮件至 dbqq@phei.com.cn。

本书咨询联系方式：（010）88254199，sjb@phei.com.cn。

推荐序

奇思是国内生产电子雾化器的行业领先企业。这本书从一个制造者的视角给出了中小企业在推行精益生产过程中需要考虑的问题、可使用的方法，以及自我的感受，让人感觉很有亲和力。

这本书介绍了企业精益的"三难两怕"、奇思精益三环模型（精益人才、精益业绩、精益文化）、遵循精益的原则不偏航、读书感悟等内容。同时，这本书重点从精益实施中经常遇到的问题如精益专业性强，落地难；精益人才难培养；投资回报慢，难坚持等问题，引出精益生产落地实践问题，并给出了正确的精益生产认知观。

值得一提的是，这本书提出了奇思精益三环模型，围绕精益人才、精益业绩和精益文化 3 个问题展开讨论；提出了"战训结合"的人才培养模式，对精益文化的重要性也给出了说明；将精益业绩作为精益生产落地的抓手，通过对 PQ（产品数量）分析图、优秀方案的评价、选择方案的模拟、价值流的再设计等方法的实践应用，总结出了关于精益 4P 原则的方法论。

此外，这本书从理念、流程、员工、合作伙伴等视角系统地总结了实施精益生产所面临的问题和解决这些问题的方法和步骤，对于从事生产与服务运营的企业家、立志用精益生产方法提升竞争力的管理人员大有好处。

我力荐这本书！

教授，系主任
西安交通大学管理学院
工业工程与运营管理系
2023 年 10 月 26 日

基克纳董事长访谈
——精益制造是基克纳成功的保障

【公司简介】

基克纳：成立于 2015 年 12 月 15 日，总部位于深圳市宝安区，全称为深圳市基克纳科技有限公司，是领先的电子雾化解决方案厂商，业务覆盖产品设计、研发、生产和品牌运营，是业内为数不多的国家级高新技术企业。

基克纳在业界率先建立了由博士和科研机构组成的基础研究院，研究范围涵盖新材料应用、电源电芯、雾化物、独立芯片、雾化技术等领域；投入数亿元资金，组建自主的研发体系和生产体系，在雾化芯及芯片技术研究领域均处于行业领先地位。

目前，基克纳旗下拥有 GEEKVAPE、WENAX、OBELISK、GEEKBAR、DIGIFLAVOR 等电子雾化品牌，业务范围覆盖欧美、东南亚、中东、日韩等全球 60 多个国家和地区，服务于世界约 1/10 的电子雾化用户。基克纳坚持稳健经营、持续创新、开放合作，在电子雾化领域构建了从品牌运营到智能制造的端到端的产业优势，为全球消费者提供健康智能的电子雾化产品，并致力于突破创新，服务未来，构建更美好的生活方式。

奇思：基克纳全资子公司，全称为广东省奇思智能制造有限公司，目前已在珠海高新区建成了 20 万平方米的智能制造产业园。公司下设 6 个生产工厂，拥有试产车间、组装车间、包装车间等几十个现代化洁净无尘车间；通过 ISO9001 质量管理体系、ISO14001 环境管理体系、ISO13485 医疗器械–质量管理体系，以及 cGMP820、cGMP110、HACCP、BRCGS 管理体系认证；为国家高新技术企业。

【访谈全文】

2023 年 8 月 2 日基克纳董事长张升伟（以下简称张）接受精益教练学院院长余凤华（以下简称余）的访谈，探寻基克纳业务 10 倍速增长的背后逻辑。

余：基克纳在电子雾化器国际市场拥有很好的品牌知名度，为什么要重金

构建制造能力——奇思制造？

张：第一，代工厂难以满足特色创新需求。基克纳早期进入电子雾化器行业时，根据市场需求自己设计产品，找代工厂完成生产制造。当时，整个行业的制造能力比较弱，质量水平也较差，行业中的代工厂很难满足我们品牌对创新的要求。

举一个典型的例子，当时我们在设计一款高性能的 DIY 雾化器，涉及一个有创新但是结构比较复杂的底座加工。当时行业里针对类似产品都采用 CNC[1] 的加工方式，但如果采用 CNC，则加工成本非常高而且不一定能加工成功。最终，我们采用粉末冶金成型的工艺完成了这个底座加工，而且成本明显低很多。

另一个例子，关于我们品牌曾经的拳头产品——"三防"（防水、防尘和防摔）带屏主机。由于电子烟有特殊使用场景，所以直到 2017 年时，行业中的大功率供电主机都还不耐用，通常用户用两三个月就坏了。为了解决这个痛点，我们决定推出一款创新的"三防"（防水、防尘和防摔）带屏主机。在当时，要生产这样的产品的难度是非常高的，奇思依靠自己的设计、制造工艺和制造能力，不惜成本反复打磨才成功实现生产。我们推出来的"三防"（防水、防尘和防摔）带屏主机，不管你扔到水里还是砸到墙上，甚至用汽车碾压，连屏幕都不会坏，使用寿命超过一年，深受用户的好评。这款产品一经推出就迅速形成了很好的品牌口碑，一举奠定了基克纳、奇思在行业的高品质形象。

如果我们自己不掌握制造工艺、制造能力，我们在技术上的创新就非常难实现，因为不仅成本高，而且周期长。我们自己参与制造工艺设计，参与制造过程，就能够解决创新遇到的难题。

第二，为了获得更低的成本。在制造行业的发展早期，企业通过对自有工厂加强管理可以实现更低的成本。企业要保持品牌竞争力，就要把利润掌握在自己手上，或者让利给客户。

第三，代工厂质量难以持续提升。代工厂能满足一定的质量要求，不过，如果需要持续提升产品质量，代工厂往往就驱动力不足。基克纳从诞生的第一

---

[1] CNC：一种装有程序控制系统的自动化机床，英文全称为Computerized Numerical Control。

天起，就把产品质量放在品牌力的第一位，我们需要持续提升产品的质量，给用户更高品质的产品，这点在代工厂比较难实现。

余：奇思快速发展，管理 5000 多人的大规模团队，您有没有焦虑？如何化解？

张：当一家企业的规模越来越大时，管理的难度也越来越大。我们采取的方式是强化企业文化价值观，规范大家的行为模式，培养员工的使命感，尤其是培养核心人员的使命感。同时，在具体落地上，我们强调统一的管理方法论，我们把 OKR[1]、IPD[2]及精益作为我们公司的 3 个核心管理思想，以加强企业管理，落实企业战略目标。

余：那如何能够吸引到一些大企业的人才？您当初是如何定位人才战略的？

张：其实人才战略的定位有一个过程。刚开始时，不管是行业也好，企业也好，人员水平并没有那么高。行业规模不大，企业规模也不大，我们很难招到大企业高水平的人员，我们描绘的梦想也没人信。刚开始招人时，我们主要是从企业的生存需求出发招聘够用的人员，没有引进更高水平或者说能够支撑企业发展到更高维度的人才，当时缺乏这个意识。随着企业的发展，我们对于行业的认知越来越清晰，对于企业的使命愿景也越来越清晰，再加上企业的高速发展，我们能够提供更好的薪资和福利，这时，我们才开始对企业人才规划有一定的超前性，才开始逐步引进高端人才。任何行业的发展都有一个过程，企业发展也有一个过程，也是一个循序渐进的过程。

我们当前执行的是"人才领先"战略。经过过去 7 年多的发展，我们已经形成非常清晰的使命、愿景和价值观，对行业的理解也越来越深刻，对企业未来发展路径的认知也越来越清晰，而且企业各方面的流程也越来越完善。我们欢迎认同我们企业使命和价值观的各领域优秀人才加入我们，与我们共同成长、共享成果。我们相信，以公司目前的发展势头和管理能力，各方面的优秀人才在我们公司都能找到用武之地。

1　OKR：目标与关键成果法，英文全称为 Objectives and Key Results。
2　IPD：集成产品开发，英文全称为 Integrated Product Development。

余：对于快消时尚品牌，您如何看待产品质量？

张：我们非常认同一个观点，即"质量是一切价值和尊严的起点"。确实，离开质量，根本就谈不上企业的发展和未来。特别对于我们这样一个做全球化 C 端品牌的公司来说，质量真的是企业的生命线。一旦某款产品出现质量问题，就会导致产品本身的营销遇到障碍。如果质量问题解决得不好，那么除了增加售后成本，还会产生巨额赔偿风险，甚至导致产品上市会完全失败，从而造成大量成品和物料积压、报废，这个影响是非常大的，甚至危害到品牌的整体声誉和企业的生存。现在的行业竞争已经到了创新制胜、质量制胜、成本制胜、交付制胜的阶段，这也是我们非常重视精益的原因。

余：产品热销时，为了满足客户端的大量需求，制造中心不惜成本，产生了大量的库存，对此您是否担忧过？

张：库存是企业的生死线，对企业的作用等同于现金流。一旦库存过大，就会占用大量的资金，不仅降低了资金流动性，还会使企业可能立马经营不下去了。我们过去在企业运营之中出现过几次这种情况，不管是因为产品质量问题，还是因为产品的设计没有满足市场的需求所造成的产品滞销，造成的影响都比较大。我们的产品比较特殊，不仅有保质期（预注油产品），还有市场周期，所以库存周转一直是一个关键点。产品生命周期的管理及库存的管控非常重要。为此，2022 年下半年，我们在精益的基础上，推行了拉式生产。我们对产品进行了分类，针对 A 类产品，根据产品生命周期及历史上类似产品的销售数据，建立了成品库存、半成品库存、原材料库存的三级库存水位线，通过库存水位线来驱动生产计划。这个方法在满足出货的情况下，极大地降低了库存，取得了不错的成效。

余：对于自建工厂与代工厂能力之间的竞争与合作，您是如何平衡的？

张："平衡"这个词可能不是太恰当，准确地说，我设定了一个公平竞争的规则，自建工厂和代工厂在这个规则下公平竞争。对于企业，特别是一家快速发展的企业，一定不能封闭。我始终觉得一个团队的战斗力，一定是打硬仗打出来的，没有一个团队是靠照顾成长起来的。在我们公司，一直在讲经营思维、成本意识以及管理能力，并培养团队干部的领导力，提升团队的战斗力。基于以上考虑，我们内部的各个工厂之间有竞争。例如，我们还引入外部代工厂参与竞争，这样更有利于团队的学习和成长。我相信任何一个团队都是越打越强的，只有打过硬仗的团队才能够在市场上生存发展。我也相信我们目前践行的精益思想，是我们参与竞争和赢得竞争的法宝。

余：公司不惜重金培养的人才在市场上很受青睐，有没有担心培养的人才被竞争对手挖走？

张：第一，从企业的角度，我们珍惜人才，希望持续地为人才提供一个创造价值并能够得到充分回报的环境。如果物质财富得到保证，那么个人价值能够最大化。

第二，我觉得企业要保持一定的开放性，使人才有一定的流动性，因为适当的流动对于保持组织的活力是非常重要的。"流水不腐"，人才不断升级，企业才能不断更新迭代。

第三，我希望我们能够大量地培养人才，甚至成为行业的黄埔军校。这不是说我格局有多大，而是我觉得在企业管理中，一定要理解人性、尊重人的发展需求。每个人有自身的发展需求，合理比例的人员流动在市场上是难以避免的，要用平常心去看待。

我们能做的就是不断加强自身的组织建设，包括人才梯队建设、企业文化建设，以及流程体系建设。这样即使个别人员离开，也有其他人能够快速顶得上；同时我们也相信，当我们把这些工作做得比较好的时候，人才会更愿意留在企业发展。我现在就看到有些之前离开奇思的人员重新加入奇思，这是一个好现象。

余：奇思在珠海建设了 20 万平方米的制造基地，对于未来工厂您有什么展望和设想？

张：目前，制造这个行业还是偏劳动密集型。我希望在未来 3~5 年，整个奇思不需要六七千人，可能就一两千人，并想把它打造成一个高度自动化、智能化和柔性化的行业领先工厂，这是我们希望看到的未来工厂的样子。2021 年，在我和总经理 Allen 参观了南京菲尼克斯和苏州博世之后，我结合在网上看到的特斯拉汽车制造工厂的样子，我觉得高度自动化、智能化和柔性化工厂是非常值得学习的。我们跟菲尼克斯和博世交流的时候，他们也提到，精益是数字化工厂的基础。目前我们正处在打造这个基础的阶段。这个基础必须打牢，我们会更大力度地推进精益思想和精益工具在公司各方面的应用，对于我们来说，精益是永无止境的。

余：在奇思的精益化、信息化和自动化上，您非常善用内外部顾问专家，您选择合作伙伴的标准是什么？

张：在奇思的精益化、信息化和自动化上，我注意到总经理 Allen 引入了外部合作伙伴和专家，也培养了我们内部专家。精益智造研究院的 Zili Chen 也特别重视内部人才培训和外部知识的转化。不管是引进业务人才还是引进外部顾问专家，我们都秉持开放的态度。我们制造工厂目前的人才能力水平还比较有限，对于如何提升人才能力水平我们比较缺乏经验，而这方面恰恰是我们外部顾问专家团队的优势，他们能够看到整个产业发展，或者从其他行业的发展过程中找到可以在我们当前阶段应用的知识和技能。制造业向智造业发展，应该是一个趋势，外部顾问专家站的高度足够高，看的面足够宽，给我们提供的建议或者方案，一定也是更领先的。我们选择外部合作伙伴的第一个要求是专业性，第二个要求是价值观匹配，第三个要求是能够长期合作。我们希望与外部合作伙伴建立一种相互赋能的关系，而不只是甲方乙方的关系（我付一笔钱，你来给我完成一个项目）。我们希望双方成为长期相互促进、共同成长的合作伙伴。

余：基克纳过去成功转型的秘诀是什么？未来您想把基克纳带到什么高度？

张：我自己在经营企业的过程中一直坚持 3 点。第一点是在理解人性、尊重人的发展需求的基础上实施管理、实现目标；第二点是对人的信任，建立人和人之间的信任，让每位员工主动担起责任；第三点是一定要共享成功，分享成果。依靠团队、组织共同支撑企业的发展，这是我一直秉承的核心理念。

基克纳目前居于行业国内前六的位置，我希望基克纳未来能够走到前三或者走到第一的位置，更长远的目标是在新兴烟草行业，基克纳要在国际市场占有重要的一席之地。

精益是制造之本

基克纳其实包括两部分，前端是基克纳，负责品牌运营、销售和研发，后端是奇思，负责生产。在功能上，一个负责品牌运营，另一个负责制造；在经营上，强调各自赚自己能力范围内的钱，品牌运营赚品牌运营的钱，制造赚制造的钱，两者之间的合作也都是按市场合作模式进行的。我希望制造这个板块能在大市场竞争中生存下来并拥有竞争力，那么将来制造板块就不只是为自己的品牌服务。制造公司的立足点是制造，所有有形的产品都需要制造这个环节，制造行业的最终竞争主要体现在 Q（质量）、C（成本）和 D（交付）这 3 个方面，而精益思想或精益制造方式可以说是解决 QCD 问题的法宝，从这一点上来说，精益是制造之本。

精益思想

精益思想传入中国已近 30 年，而介绍精益的书籍有很多，比较经典的有《精益思想》《丰田模式：精益制造的 14 项管理原则》《现场改善：低成本管理方法的常识》等，所以，大家对精益都不陌生。精益践行比较好的企业也有很多，如从最初发源的丰田，到业界知名的博世、霍尼韦尔，再到国内比较知名的华为、美的等。其中，很多企业都形成了一套自己的精益体系，如丰田的 TPS（丰田生产系统）、博世的 BPS（博世生产系统）以及霍尼韦尔的 HOS（霍尼韦尔运营系统）。以上所有这些理论及大企业的实践，一方面说明了精益方法的可行性和有用性；另一方面因有大企业的加持，也无形中让后来者觉得精益门槛很高，形成只有大企业才能成功实施精益的印象。那么广大中小企业适不适合推行精益思想，中小企业实施精益难不难呢？这正是本书想给出的答案。我们公司推行精益有 3 年多了，虽然时间不长，但是我们切实地感受到了精益给我们带来的好处，不但 Q（质量）、C（成本）、D（交付）方面有了显著的改善，年度人均产值更是实现了翻番，而且最早推行精益的奇思一工厂的 2023 年月度人均产值已突破 14 万元，2024 年月度人均产值有望突破 15 万元。

灯塔之旅

为了统一思想，2021 年 4 月，我们组织主要高管开启了灯塔之旅，赴苏州参访了博世的两家工厂。博世非常重视精益。

首先，博世通过早年学习丰田的 TPS（丰田生产系统），逐步形成了有博世特色的 BPS（博世生产系统）。BPS 强调的是精益改善的循环，这个改善循环主要包括 3 点：①找出阶段工作重心和改善重点（从企业愿景、内外部需求、现在在哪里和数字化转型的策略 4 个方面找）；②一个季度一个循环；③通过立项管理，将项目贯彻到底，形成新的标准化，并使之变成日常运营管理。每个季度循环推动精益改善。

其次，博世要求每位部门经理都要学习和具备持续改善的领导力[CIP（Continue Improvement）Leadership]。CIP Leadership 包含 4 个部分：精益 Know How、赋能数字化转型、领导力（Leadership）和分享。值得一提的是，博世非常提倡这种分享的学习模式，并称之为 Learning By Doing。博世定期组织研讨会，让大家来分享、复盘和讨论一些典型的案例，并用这种方式促进大家对精益工具和方法的理解和学习。

最后，博世专门设置了一个"工业服务"部门，以此来推行精益和智能制造，既对内部各工厂赋能，又对外提供服务。同时，博世非常重视方法论的建设，这主要体现在 3 个方面。第一，博世形成了系统性精益管理方法论，就是前面讲到的 BPS，这个 BPS 是 2002 年正式发布的，经过多年的发展，又加入了工业 4.0 的元素，目前的系统称为 BPS 4.0 Plus。其中 BPS 指的是 Bosch Production System（博世生产系统）；4.0 指的是工业 4.0 技术，用 4.0 的工具进行精益改善；Plus 指的是跨部门的产品链。博世把项目、设计、研发、生产、交付整个产品实现过程称为产品链，并强调"把整个产品链上的浪费降到最低"。第二，博世非常注重方法论的统一。博世强调不同产品，共同的标准，共同的流程。在参观现场，博世分享了两个精益改善的案例，每个案例中的分析部分都使用了价值流（从采购到仓库、计划、生产、交付的产品实现过程流）和 KPI[1]树（KPI 的逐层分解，类似 OKR 的分解），即所使用的方法都是统一的。第三，博世在方法上非常强调端到端的流程拉通和管理，强调从整个流程的角度来考虑问题及改善，前面讲的产品链和价值流都是强调端到端的流程拉通。通过参访博世、与博世管理团队交流，我们高管团队达成了共识，推行精益是我们提升制造竞争力的最主要抓手。

精益落地

精益要想贯彻落地，中基层管理者的认知和信心至关重要。为了统一中基层管理者的认知和树立大家对精益的信心，我们邀请迅驰智能/精益教练学院的余凤华院长及其顾问专家团队来我们公司当老师，辅导我们做了第一个精益改善项目。这个项目挑了我们当时生产量最大的一款产品，进行整个生产环节（包括前加工、组装和包装 3 个工序）的效率提升改善，并约定了 3 个月的改善期。在确定改善目标的时候，我们内部团队给出的最高改善目标是效率提升 10%，后来在老师的引导下，改为效率提升的达标目标是 30%，挑战目标是 50%。经过 3 个月的辅导和改善，最终前加工和组装的效率提升都超过了 40%，包装工序的效率提升超过了 70%。这一下子就把大家对精益的信心建立起来了，也提升了大家对精益的想象力。接着，我们趁热打铁，在内部开展了 3 个精益改善项目，并都由内部中层管理者来主导和实践老师在第一个精益项目中所教的方法。最终，都获得了很好的改善效果。同时，我们还开展了一系列的精益活动，包括培养内部精益讲师、建立精益人才训练营、设置精益改善积分制度、进行读书分享、开展精益大赛等。特别值得一提的是进行读书分享这个活动，我们把《精益思想》《丰田模式：精益制造的 14 项管理原则》《现场改善：低成本管理方法的常识》这 3 本书奉为精益经典，组织各级员工来学

---

[1] KPI：关键绩效指标，英文全称为Key Performance Indicator。

习,并结合自己的工作实践来分享书中知识带给我们实际工作的启发。至今,这个活动已有133人参与,共分享了957次,累计分享内容超过20万字。因为参与读书分享的人员包括了制造、生技、品质、计划、采购、人事、行政、IT等领域,所以每个岗位都能从中获得收益。总结下来,我们的精益推行从0到1的阶段借助了外部顾问专家的力量,在从1到N的过程中,主要用到了3个抓手,第一个抓手是人才,第二个抓手是文化,第三个抓手是业绩(精益改善项目业绩)。这3个抓手形成了精益改善三环,相互作用,最终促进精益实践的推广和落地。我们又把人才比喻成精益改善的土壤,把文化比喻成精益改善的水,把业绩比喻成精益改善的阳光,只有在阳光的作用下,土壤中的营养和水才能转化为精益这棵树所需要的营养,促进精益之树茁壮成长。同样地,我们在人才和文化建设上也需要项目实践才能提炼出实际可应用的知识和技能,而改善的业绩又是对于我们所提炼的知识和技能的加持,更加增强了我们对精益的信心。

干货满满

在本书中,我们把公司从思想转变到精益践行这3年多来的实践呈现出来,从"企业精益的'三难两怕'"(第一章)到我们实施精益的3个抓手:"奇思精益三环模型"(人才、业绩、文化)(第二章),再具体到3个抓手如何落地(第三~五章),这都是我们真实情况和历程的展现,其中包括大量我们现行的文件、流程、制度及表格,更有很多实际的改善案例,都是干货。我们希望通过这些内容来告诉大家:中小企业实施精益并不难。如果本书能为广大还没开始实施精益的企业一点启发或信心的话,我们将不胜荣幸。

目录

第一章 企业精益的"三难两怕" 1

精益专业性强,落地难 1
萌生想法 1
精益生产系统这座珠峰该如何攀登 1
被忽视的精益4P原则 3
精益工具难掌握 5
问题多,不知从哪开始实施改善 7

精益人才难培养 7
公司找不到领导精益变革的负责人 8
精益人才难招、难培养 11
精益人才培养后难留存 12

中基层对精益推行没意愿、不理解 13
对精益的认知误区 13
精益的正确认知观 14
行动诱发意识的改变 15

花钱多,短期不见效 16

投资回报慢,难坚持 19
项目推行难落地,团队失去信心 19

第二章 奇思精益三环模型 22

行动起来,没有比今天更差了 22
奇思精益三环模型概述 24
精益人才——人人有所用 27
基层、中层、高层全方位覆盖的精益认证体系 27
建立"战训结合"的人才培养模式 28

尊重人才，充分激励 ··· 29
　　　精益业绩——天天有进步 ··································· 30
　　　"无处不在"的精益文化 ····································· 35

第三章　精益人才 ··· 40
　　　总经理挂帅 ··· 40
　　　培养精益人才 ·· 44
　　　选拔精益骨干 ·· 58
　　　激励精益团队 ·· 60

第四章　精益业绩 ··· 65
　　　小试牛刀 ·· 65
　　　干掉流水线 ··· 83
　　　价值流再设计 ·· 92
　　　精益从源头设计开始 ·· 102
　　　拆掉80%货架 ·· 109
　　　减掉1个亿库存 ··· 118
　　　人均产值倍增，高目标才有高业绩 ···················· 124

第五章　精益文化 ··· 134
　　　活到老，学到老 ·· 134
　　　精益还可以这样"玩" ······································· 138
　　　小积分，大作用 ·· 144
　　　提案改善 ··· 149

第六章　遵循精益的原则不偏航 ······························ 161

附录　读书感悟 ·· 164
　　　《精益思想》读书感悟 ······································ 164
　　　《丰田模式：精益制造的14项管理原则》读书感悟 ··· 169
　　　《现场改善：低成本管理方法的常识》读书感悟 ····· 179

后记 ·· 187

第一章
企业精益的"三难两怕"

精益专业性强,落地难

萌生想法

随着市场业务不断扩大,奇思从原来 100 多人的小工厂发展成了千人规模的中型企业,公司是时候从作坊式管理向标准化、系统化管理发展了。奇思高层领导开始研讨引进一种系统化的生产模式。通过研究,他们不仅发现精益生产模式是世界级标杆企业都信奉的生产模式,而且部分优秀的企业通过转化精益思想建立了自己的生产系统(如丹纳赫、霍尼韦尔、博世、美的等),并使之成为自己持续健康经营的法宝,因此公司管理层萌生了走精益之路的想法。

精益生产系统这座珠峰该如何攀登

然而,经过对世界级标杆企业生产模式的研究发现,精益生产系统如一座珠峰一样,要想建立精益生产系统,全公司都将面临前所未有的挑战。

从图 1-1 所示的精益屋来看,要想建立精益生产系统,公司内部就要建立精益人才培训系统(企业内训)、5S[1]目视化管理系统、TPM[2]系统、消除浪费系统、标准作业指导书(Standard Operating Procedure,SOP)系统、均衡化排产系统、拉式生产系统、防呆系统、安灯系统等子系统。对于中小型企业来说,单独建立一个子系统都很难,更何况是建立一个涉及制造、研发、销售、采购

1　5S:整理(Seiri)、整顿(Seiton)、清扫(Seiso)、清洁(Seiketsu)、素养(Shitsuke)。
2　TPM:全员生产维护,又译为全员生产保全,英文全称为Total Productive Maintenance。

等部门的精益生产系统。

建立精益生产系统先要做的是进行大量的企业内训，把精益思想深植于每位员工的心中，以使全员接受精益思想、学习精益工具、参与精益建设。然而，在推行精益前奇思内部的各层级领导和员工都有不同的声音。有人认为目前行业好，奇思的业务能满足客户的需求，内部管理方法也是有效的，没必要"劳民伤财"地做精益变革，没必要冒风险；也有人认为要未雨绸缪，在最"舒服"的时候要有危机意识，因为精益可以持续改进，让企业充满活力，也可以持续提升企业的竞争力，所以能在最"舒服"的时候推行精益将使奇思更快占领市场高地，而这也将成为企业做大做强的关键；还有一部分"观望者"，他们认为先做几个精益项目试试水，如果有效果就继续推行，如果没有效果就停止。显然在精益变革初期，思想共识是企业首要解决的问题，要不然后面就会出现"出工不出力"的情况，没办法"力往一处使"，甚至出现"帮派势力"而形成企业内耗。

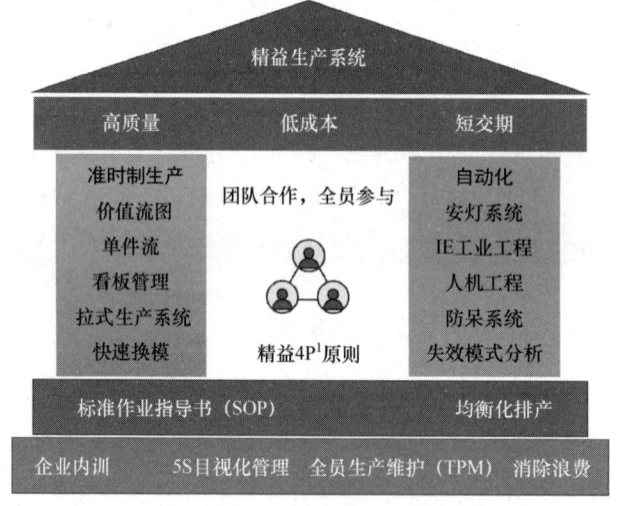

图 1-1　精益屋

接着，要采用 5S 目视化管理让问题无处遁形，这是精益管理的基础。从高层管理视角来看这是件很好的事，然而中层或基层员工却不这么认为，他们认为在推行 5S 目视化管理过程中如果有问题那他们将被问责，因此他们自然会

1　4P：理念（Philosophy）、流程（Proces）、员工或合作伙伴（People/Partners）和解决问题（Problem Solving）。

逃避问题、掩盖问题，而这显然违背了精益思想的宗旨。刚开始奇思的高层领导也尝试通过 5S 目视化管理来暴露问题，却因各方面的阻力推行的效果都不好。其中，主要的原因是大家对问题的看待和处理不同。

例如，之前，在进入生产组装车间加工之前选用的是备货式生产，生产过程中会有大量在制品。在推行精益线后，要求按 5S 标准，前加工只做 1 小时的量，经过一段时间试运行后，我们发现因自动打螺丝机经常出现故障，导致后面的组装线停线待料，这使部分订单交付受到了影响。于是生产部、技术部组织分析检讨，发现之前导入的自动化设备选用的为行业非标准的定制设备，这些设备的稳定性差，而且部分零部件是设备供应商定制的，导致设备故障处理时间经常是 1~3 天。最后，我们处罚了导入设备的工程师，理由是前期评估不足、设备验收工作没做好。

然而，此事过后，很多管理者始终走不出"有错必追究"的管理思维，认为对于过去想得不周到、做得不完美、执行不到位的问题统统都要被问责，这导致在推行 5S 目视化管理过程中困难重重。最终，公司的问题被隐藏了起来，很多员工做事开始谨慎起来，能少做的就少做，能不做的就不做，还不断抵触精益，抵触暴露问题的机制。

被忽视的精益 4P 原则

精益 4P 原则包含理念、流程、员工或合作伙伴和解决问题，如图 1-2 所示。在推行精益时，奇思就忽视了精益 4P 原则，导致出现了一些问题。例如，在精益推行的初期，奇思管理层为了完成短期财务指标使用了部分劳务派遣员工，导致很多员工技能不熟练，产品质量不稳定，客户投诉率高居不下，公司内部会议中争议不断，经常有生产线领班因无法按时完成交付而被问责。记得有次在做订单未按时交付的检讨时，负责该订单生产的领班哭着说："我们每条线都有劳务派遣员工，每天都在换新人，好不容易把人培养好了，可订单量少点时不是公司把人遣散了，就是劳务派遣员工自己跑了，这使产能爬坡一直都达不到标准产量，我拿什么来保障交付。"

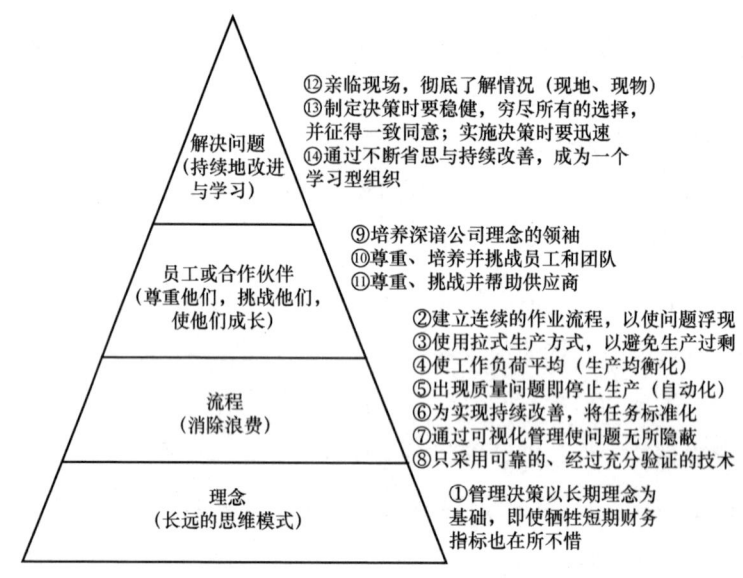

图 1-2 精益 4P 原则

此外，流程标准化也不完善，如每位员工的作业手法不统一，每个工位没有做线边设计，物料由员工随意到货架上拿取，生产线上随意放置有品质问题的成品，车间到处堆满了物料和不良品。有一次，在客户发现有批量外观不良品而要求退货时，各部门经理去车间现场后才发现生产线上有很多不良品，车间内有很多未入库的成品，成品仓有很多不良品未出货，这导致所有成品都要返工，于是找来生产领班询问。此时，生产领班回复说："当时把外观不良这个问题反馈给品质控制（Quality Control，QC）了，但 QC 说因为这个成品的原材料外观偶尔有缺陷，而前面几次是挑选生产的，所以这次就没有问品质了，除了把外观问题严重的挑选出来了，部分轻微的就按特采放过去了。"

于是，奇思高层领导想改变这种现状，就把这个改变任务分配给了各部门经理，而各部门经理又将此任务分配给车间主管，车间主管又将此任务分配给工程师或领班去负责，就这样层层往下分配。最终，负责此次改变项目的工程师给出了一个不成熟的解决方案。然而，在执行解决方案的过程中既没有资源支持，也没有其他部门人员参与问题分析、方案讨论和对策实施环节，导致实施效果很差，解决问题后的情况还不如从前。此时，负责此次改变项目的工程师则给出定论：此问题无法解决，效率无法再提升，质量改善难度很大，而且改善需要投入巨大的资金。

最终，这个现状改变问题变成了公司默许的大难题，导致公司对于已经解决了的一些问题也没有再总结归纳，对于解决问题的方法流程既没有形成标准，也没有进行全面培训教导。此时，对于某些问题，公司内只有少数人员掌握了解决方法，导致相同的问题反复发生。

精益工具难掌握

精益生产系统不仅庞大，而且在实施过程中使用的方法和工具有几十个。以最为常见的十大工具应用为例，可以发现，要想在实践中掌握这些工具并应用好都是比较难的。

1. 准时制生产

准时制（Just In Time，JIT）生产的基本思想是"只在需要的时候，按需要的量生产所需的产品"，追求一种零库存的生产系统，或者使库存达到最小的生产系统。我们在生产作业时要严格按照标准要求作业节拍生产，客户需要多少就生产多少，生产线需要多少材料就送多少材料。

2. 5S 目视化管理

5S 目视化管理是现场目视化管理、员工素养提升、标准化执行的有效工具。5S 目视化管理起于素养终于素养，并通过现场标准和明晰的责任来让员工首先做到维持现场的整洁，同时暴露问题，进而解决现场和设备的问题，最后逐渐养成规范的职业习惯，并拥有良好的职业素养。

3. 看板管理

看板是工厂内信息流管理的手段，看板卡片包含物料的信息并且可以反复使用。看板管理可以清晰地看到信息流动和需求。常用的看板有两种：生产看板和运送看板。

4. 标准作业指导书

标准作业指导书（SOP）是实现生产高效率和高质量的最有效的管理工具之一，它把产品价值流中经过的每个工序根据科学的工艺流程和操作程序形成文本化标准，是培养员工规范操作的依据，也是产品质量控制的规范。精益生产的起点就是建立在标准化基础上的，没有标准就无法改善。

5. 全员生产维护

全员生产维护（Total Productive Maintenance，TPM）是指以全员参与的方式建立设备管理系统，有效提高现有设备的利用率，实现设备安全、高质量、稳定产出，同时防止故障发生（特别是重复发生），从而使企业达到降低成本和全面提高生产效率的管理方法。

6. 价值流图

价值流图（Value Stream Mapping，VSM）是用目视化手段描述整体价值流，包含物流及信息流的分析图，它是精益改善最为常用的一种识别价值与浪费的工具，也是规划未来价值流的工具。价值流图应用的核心是以客户需求定义价值，建立连续流动的产品流，提升增值比。

7. 单件流

单件流是通过建立以客户需求节拍为准的生产线，并使生产线各工序保持平衡，形成最小经济批量的流动，减少在制品，缩短产品制造周期。

8. 拉式生产

拉式生产（Pull）是以看板管理为手段，采用"取料制"即后道工序根据"市场"需求进行生产，并且工序短缺的量从前道工序取相同的在制品量，从而形成全过程的拉动控制系统，绝不多生产一件产品。它是实现 JIT 的基础，是追求零库存的重要工具。

9. 快速换模

快速换模（Single Minute Exchange of Die，SMED）是一种有效缩短产品生产切换时间的工具。它是在团队协作下通过运筹技术和并行工程最大限度地缩短设备或生产线停机时间，从而实现快速换模。快速换模不仅可以提高设备的利用率，减少人员等待浪费，在极短的切换时间状况下可实现通过多品种小批量生产来降低库存浪费和缩短交付周期。快速换模也是实现零库存的重要方法和工具。

10. 持续改善

持续改善（Kaizen）是从一开始精确地确定价值与浪费，通过持续消除浪费和建立连续流动来提升增值比的，是企业可持续改进的原动力。

以上精益的十大工具强调理论与实战相结合，在不同的业务场景、不同的阶段要灵活应用，所以不仅是看看书、上个培训课就能把这些工具应用到精益变革中。因为在应用这十大工具的过程中，会走很多弯路和摔很多跟头，需要不断地重来，所以在精益的推行过程中要有坚定的信念，否则会半途而废。

问题多，不知从哪开始实施改善

正所谓万事开头难，精益的推行从哪里开头是个难点，因为在精益的推行初期，在与世界级的标杆企业对标中我们发现每个环节都差距甚远，到处都是问题，包括标准化不完善、品质异常多、库存多、周期长、效率低、现场脏乱差等。起初，奇思想从5S目视化管理开始，但发现生产异常多，现场到处都是等待处理的异常品，生产线做做停停，很难维持好的现场。后来，又推行了强制节拍生产线，然而因为使用了很多技能不熟练的临时工，导致强制节拍达不到，生产线也是做做停停。再后来又导入了局部的自动化。然而因为自动化的节拍很短、换线时间长，导致在制品库存大量增加。虽然后面也想通过按预测大批量生产减少换线，但最后还是导致许多成品滞销，大量资金积压在仓库。

以上种种情况导致精益推行短期内没有成效，期间虽然也换了几任的精益部负责人，但都没有找到合适的突破口，团队也逐渐失去了信心。究其原因，总经办认为不是精益方法不行，而是我们推行精益的方法不行。精益涉及公司运营的方方面面，我们需要从更高的维度、更远的视角，并使用更系统性的方法来推行精益。为此，总经办把精益提高到了思想层面，把精益作为公司三大核心管理思想，与 OKR 和 IPD 并列；重新组建了精益团队，成立了精益智造研究院，并把精益部从工厂划到精益智造研究院，建立了适合精益推行的一系列流程和制度，包括人才、培训、文化、激励及项目管理等，同时，聘请了专业的外部顾问专家团队。这样，才有了我们一个个精益项目的成功，精益推行才逐步迈入正轨，并成为公司经营业绩的重要保障。

精益人才难培养

精益变革要推动，精益人才的来源会是许多中小企业的老板或高层领导面临的一个头疼问题：谁来主导这个事？各种项目由谁来主导？谁又来做具体的细项工作？

如果把做细项工作的基层比喻成"兵士"，各部门的中层管理比喻成"将领"，那么老板和高层领导就像是古时候的"元帅"。"元帅"定方向、做决策、给资源、指挥战斗，攻城拔寨，指哪打哪。帅旗就是军队的象征，只要帅旗不倒，战况再糟糕，"将领"和"兵士"都能快速凝聚起来重新发起冲锋。

中层的这些"将领"，在平时管自己部门的一摊子事时都是井井有条的，但是对于推行精益变革，大部分都是蒙圈的。这时，我们需要一名懂精益、知晓"兵事"的"元帅"来主导这个事情，居中协调，带领大家排兵布阵来打好这场"战事"。那谁为"元帅"合适？

公司找不到领导精益变革的负责人

有些聪明的朋友第一时间就想到了企业内部的工程部或生产部，尤其觉得工程部负责人作为企业的技术力量，"精益生产"经常是他们的口头禅，而且自己搞最省钱，哪个老板不喜欢？所以，整个精益变革由他来主导推动是最佳选择。企业各层级在精益变革中的角色模型Ⅰ，如图1-3所示；企业各层级在精益变革中的角色模型Ⅱ，如图1-4所示。

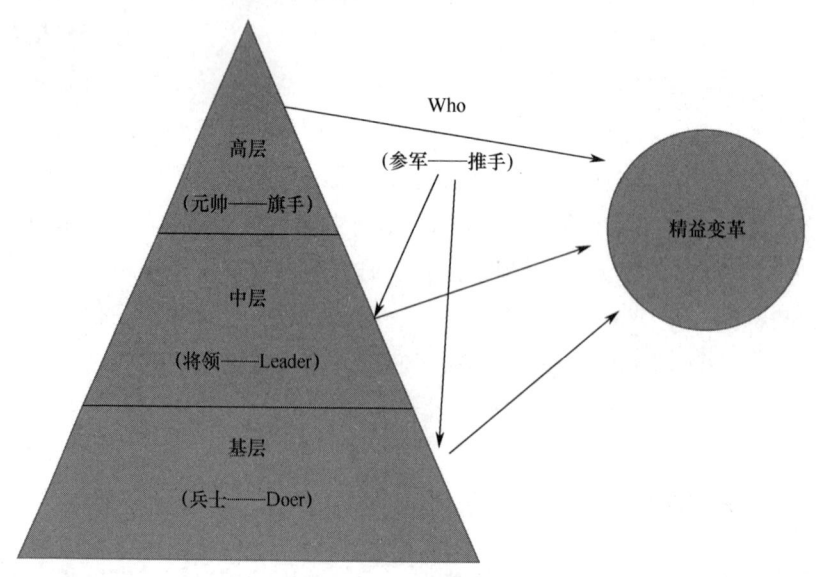

图1-3 企业各层级在精益变革中的角色模型Ⅰ

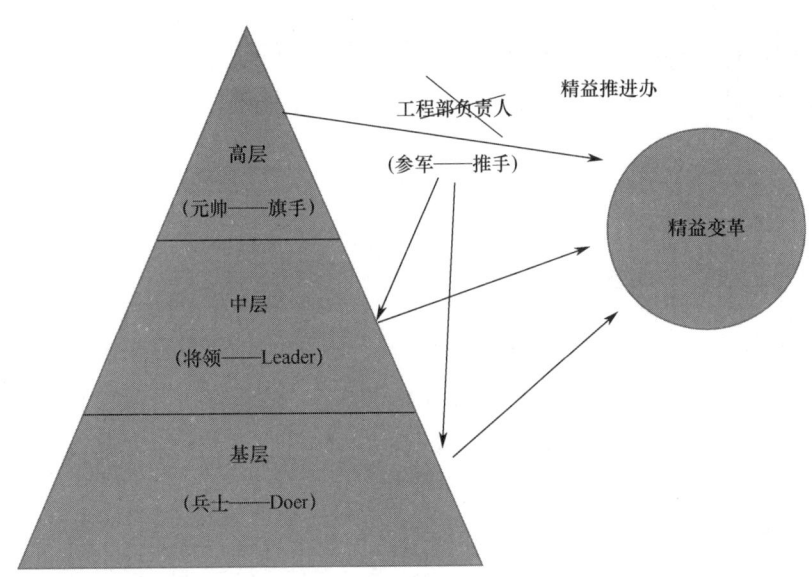

图 1-4　企业各层级在精益变革中的角色模型Ⅱ

但事实上，工程部并非主导精益变革的理想候选部门，最佳的选择还是需要单独成立"精益推动办"或类似的组织。为什么会做出这样笃定的判断呢？主要有以下原因。

（1）中小企业如处在企业发展的早期阶段，如何保证生产稳定、交付正常、让企业生存下来，这已经占据工程部较大精力，甚至一些工程部还兼着研发职能，根本无暇主导精益变革。

（2）精益变革涉及的面极广，并不只限于工程部主导的精益项目，还有关于精益物流供应链方面的内容。普遍的现象是工程部负责人并不具备主导精益变革需要掌握的知识底蕴。

奇思最早开始推行精益时，也面临这样的问题，从2019年起就在工程部单独设立精益生产组，但历经三四任工程部负责人的变更，精益生产一直维持在创新改善提案方面的推动上，并没有发生重大的变革，而且收益也不理想。

后来，公司高层领导终于认识到工程部负责人一方面兼顾着生产异常解决等影响订单交付、"谋生存"的重要任务，精力实在有限；另一方面，虽然其在产品工程工艺方面的经验很丰富，但在精益生产推行方面经验少且不专业，无法支撑"谋发展"的精益变革大计。于是将工程部一分为二，原来的工程部更名为生技部，专门负责生产技术支持；原工程部下属的精益生产组独立出来，改为精益生产部，再重新招募有主导精益生产推行经验的负责人。而这整个过程，已经耗费了足足近两年的漫长时间。

既然主导精益变革的人选在企业内部找不到，那外部好招吗？企业外部懂精益的人才有两种。

一种属于"专家"级别。例如，像各大院校的教授、学者和咨询管理公司的咨询顾问，这种人才在使用的过程中需要付出较高的成本，适合做辅导和借鉴他山之石，不适合长期在企业里具体主导推行精益项目。当然也有请专家做职业经理人的成功案例，但从实用性出发，并不建议中小企业这样做。

另一种属于"草根"级别。例如，在企业推行精益变革时，经常选用外部咨询公司进行辅导，企业再选派一个专门对接的人选，可能是某位 IE 工程师，也可能是某位中层管理者，他们在配合辅导推行内部精益变革落地的同时，积累了相对系统的精益知识及项目经验，是中小企业较为理想的精益变革主导人。

但这种人才数量多吗？答案是否定的。限制中小企业招募合适主导精益变革人选的原因有以下几点。

（1）有能力全面导入精益变革的企业受地域性影响，数量较少，大多数企业的精益变革仅限于某些局部项目，导致全面接触精益变革的精益人才不多。

（2）每家企业有各自特性，改善效果有差异。例如，有些做法在以前企业成功过，不一定在新的企业就能落地。

（3）主导精益变革且有亮眼业绩的负责人较少会选择任职于中小企业。因为他们所在的企业大多已发展良好，并愿意为此付出较高的薪酬，即使由于个人原因离职，其出于职业发展的考虑，也较少会选择中小企业去任职。

因此，在精益变革主导人这个"元帅"的招募过程中，许多企业经常会历经一段漫长的试错过程。

奇思成立精益生产部后，曾由一位新招的精益经理主导部门工作。奇思原来的员工全是坐立式作业，使用流水线作业，而这位经理因有丰富的精益知识，所以指出要推行 U 型线。他把流水线改成 U 型精益线，而且要员工站立式作业，并根据自己的行业经验，断定至少会有 10%的效率提升。同时改革现行的超产奖方案，他认为原超产奖方案仅从节省员工工时方面的收益出发，不够全面，没有考虑由于效率提升同步带来的场地租金、水电费的节省，给员工带来的激励不足，于是重新修订了更具激励性的超产奖方案。然而，最终出来的 U 型线的效率数据让人大跌眼镜，居然连一般流水线的效率都没达到，这位精益经理也因压力过大而选择了离职。后来公司通过总结经验，认为取消坐立式作业这一举措过于激进，虽有激励措施，但还是因忽略了员工是否能接受的因素而遭到员工抵触。最终，奇思的精益 U 型线在重新推行时选用了类似吧台的高脚凳，再结合其他系列的举措，实现了流水线效率提升 30%以上的目标。

精益人才难招、难培养

在企业招募到合适的"元帅"后，就可以万事无忧了吗？不，可以说，这时整个精益变革才刚刚开始。精益变革从来就不是一个人可以完成的事项，它还需要大量"将领"和"兵士"一起来全员参与。企业还需要招募和培养更多的精益人才作为各项精益变革项目推行过程中的中坚力量，以这些人为基础，去变革，带动全体员工都参与到精益变革的事业中来。

有人说，"一帅难求"，那"将领"和"兵士"应该"易得"一些了吧？如果你抱着这样的念想，那我只能说你还是太天真了。精益在大部分人眼中，只是技术部和生产部需要关注的事。只要这种观念没有被扭转，你就很难招聘到懂精益的人力资源、财务、供应链、品质人员，而技术部和生产部如果技术岗位门槛比较高，还得从同行中猎挖。扪心自问，你觉得这样的人才好招吗？那"将领"从何而来？"兵士"又从何而来？

这时，或许又有人说了，现在"元帅"有了，大不了自己培养"将领"和"兵士"。这样的想法的确很好，但实现起来还是很难。

首先，培训讲师从何而来？内训吗？单凭一个"元帅"就可以把整个培训讲师团队给支撑起来？外训吗？成本有多高？能持续一直通过外训培养人才吗？

其次，现在外部精益课程体系庞杂，参差不齐，你能确保你所挑选的课程就是合适你企业现状的？外训的项目成员能把这些课程知识吸收再转化到内部吗？

最后，培训的效果如何？能保障转化成业绩绩效吗？

这一层层的困难叠加起来，效果层层削弱，可想而知，自己培养精益人才的难度有多大了。

奇思后来将精益生产部更名为精益部，与原来的信息部、自动化部一起纳入精益智造研究院。至此，奇思的精益化、自动化、信息化三化合一的框架终于成形。在重新招募了一位精益主管后，这位精益主管面临的一个难题是无人可用。当时在奇思中了解精益的人员，只有部分高管以及生技部、生产部的成员，不足总人数的百分之一，而且其中大多数只是了解一些皮毛。

虽说精益化是智能制造三化合一的重要一环，但在当前大学的课程体系中，智能制造学院或专业的主流课程还是在信息化和自动化深耕，对于如何实现精益化还没有这么一个专业或一门课程。

而外部做精益辅导的老师固然有一些关于精益知识的培训课程，但想要拥有一定体量的合格精益人才去推行各个精益项目，纯靠外训组织培训成本高昂，且这只涉及一些零碎的知识点培训，不够系统。没有专门的教科书，没有成熟的课程体系，这意味着公司所有精益人才的培养，未来都寄望于一人身上，这压力不可谓不大。

精益人才培养后难留存

"一元帅难求""兵将难得"也就算了，企业经常还面临留人难的问题。如果培养出来的人才，没有一套完善的激励机制去留住他，持续吸引他参与到精益改善项目当中，那么当你辛辛苦苦几个月把具备一定精益知识的种子人才培养出来后，还要面临被同行猎挖或人才自行寻找更高平台的危机。

奇思曾经有一段时间遭遇了人才流失的"滑铁卢"，因同行企业业务扩张，同一时期新开了两个厂区，当时用较为激进的人才薪酬策略在猎挖同行的工程技术及品质人才，导致奇思生技部产生了较高比例的人才流失，甚至还有部分管理人员也被挖走，加剧了工程师层级人员的流失。当时出现了顾问专家过来辅导项目，等过一段时间再来辅导时，就会发现项目成员又换了一拨人的现象，整个精益改善项目推行得非常艰难。

中基层对精益推行没意愿、不理解

精益进入国内制造企业几十年了，越来越多的制造性、服务性企业把精益导入作为企业的战略来推行。但往往很多企业在刚刚推行的时候并不是一帆风顺的。能把精益推行得非常好，通过精益使企业在质量、成本、交付方面产生巨大收益的企业少之又少。甚至有些企业在刚开始推行时遇到了阻力，还没来得及思考产生阻力的根本原因，精益的推行已经夭折了。

2021 年初，奇思开始把精益确立为公司三大核心管理思想之一，用精益来指导企业运营。在刚开始推行时，奇思与大多数企业一样遇到了很大的阻力。刚刚推行的阻力首先便是作为精益推行核心的中基层管理者对精益的认知有误区，或者说是对于这种重大的变革心里面存在很多疑问。当没有让他们想明白这些疑问时，他们对精益的推行肯定是没有意愿的，且对这种重大的变革非常不理解。这也是很多企业在推行精益时最先碰到的最大问题。

对精益的认知误区

误区一，在推行精益时，先从组装产线的生产效率着手。这在中基层员工的惯性思维里面，则是通过增加员工的劳动强度来换取产出增加和效率提升，导致大多数员工认为精益实施后员工会更累。

误区二，推行精益的大多目标都是 30%以上的大幅度提升。奇思在推行雾化芯组装线的精益变革时更是提出效率提升 70%的目标。这个目标一经提出，则被大多数中基层员工认为是个不可能完成的目标。

误区三，推行精益后，会大幅度地精减人员。中基层员工都在担心自己会不会成为人员精减的对象，精益推行对自己来说是个潜在威胁。

误区四，推行精益是管理层的事情。一般来说，基层员工认为"精益"是个高大上的事物，运用它需要具备很高的工具运用技能，而这些都是管理层应该做好的事情，和基层员工没什么关系，基层人员执行就好了。

正因为有了以上的 4 种误区，中基层员工对精益的大力推行体现出来的便是应付了事。那怎么办？归根结底还是先要引导中基层员工形成对精益的正确认知观。

精益的正确认知观

1. 精益改善是推进人性化管理和挖掘员工智慧的活动

精益改善就是挖掘企业运营过程中的一切浪费，进行全面改善，减少浪费。但作为企业的高层管理者来说，要很清楚地认识到企业里面最大的浪费就是员工智慧的浪费，企业要舍得在人性化管理和员工智慧的挖掘方面下功夫。这就让中基层员工不会产生精益就是针对员工的改善活动的认知。

精益改善在根本上是通过消除过程中一些不增值的动作，来实现附加在产品上的价值时间比例的提高。在通常的流水线模式的生产中，员工看起来手脚都非常忙，但从价值角度去看，员工的大部分时间（70%以上）是没有价值的，员工是没有必要做那么多动作的。当使用精益方法减少这些动作时，员工的效率自然就高了，并且他们的手脚也不再会像机器一样做动作了。因此，精益动作的改善是在提升效率的同时降低员工的作业劳动强度。

2. 精益改善是基于运营需求而产生的，是要挑战不可能的

我们反观精益推行得非常成功的企业（丰田、霍尼韦尔等），这些企业都是从开始的运营问题中意识到要改变的。例如，它们发现在企业的运营中一般都存在交付、库存、质量、效率、成本等方面的痛点。它们基于这些痛点推行精益改善，进行全面精益管理，从而拥有了目前企业经营管理上的巨大成就。

奇思把精益作为公司的战略，同样是因为基于对产品的交付时间、效率、运营等方面存在痛点而不得不进行全面的精益推行。奇思在推行精益差不多已经有两年时，取得的成果是产品交付时间缩短了50%，生产效率提升了40%。

改善不是基于表象的改善，而是要深入挖掘表象内的真相。精益不仅要做表象的改善，还要通过表象的改善与探秘，对影响企业的顽固问题发起挑战，从而改变企业对真相的认知。精益是通过挑战来认识真相的，也是通过挑战来让企业员工充分认识"能"与"不能"、"行"与"不行"的。

3. 精益改善要求全员参与

企业从架构体系来看，设置有基层—中高管理层—企业老板；从职能模块来看，分制造、技术、品质、业务销售等。全面精益管理则涉及各个层级和职能模块。不少企业在推行精益时，始终认为精益=生产，精益是生产部的事；更有人认为精益是实施项目组的事，与其他人员无关。如果不理解全员参与的概念，那么在精益的实施过程中则很难统一认知，一旦遇到障碍，就会形成"你们"与"我们"两个特别清晰的立场。在推行精益时尽可能让每天作业的人员共同参与。因为改善是围绕现地、现物所进行的，所以每天作业的人员尽可能地参与改善活动，以起到现身说法的作用。

4. 精益推行是否顺利基于企业与员工的关系模式

如果在企业管理模式上企业与员工之间是零和博弈关系，那么这将是企业推行精益的最大困难，因为企业与员工的关系从"形"和"神"两方面都体现出甲方和乙方的关系。这会使企业一直认为员工没有责任心，以各种严厉的处罚措施进行管制；而员工自然对企业的认同度不大，没有归属感，对精益的改善活动也就不想参与。最终，导致企业在推行精益时遇到很大的阻碍。

奇思的企业文化把成就伙伴作为企业使命，即成就我们的客户、成就我们的供应商、成就我们的所有员工。在公司里面我们的员工就是我们的伙伴，公司的事业就是全体员工的事业，我们通过推行精益来实现公司更大发展，来实现每一位员工的发展。

行动诱发意识的改变

很多企业在推行精益的过程中，对中基层员工做了很多培训，虽然员工听过很多关于精益方面的课程，但行动没有很大的变化。在高层领导强力推行精益变革的过程中，企业出现了中基层置身于精益生产变革的洪流之中面临巨大压力的情况。其中，既有来自高层领导对精益变革渴望急需得到成效的压力，又有因下属不理解而带来的层层实施阻力。

此时，需要高层领导率先示范，用高层领导的行为来带动中基层员工的行为。奇思2021年开始宣布实施全面精益变革时，我到场召开了项目启动会，并且高度提出了精益变革的第一个里程碑目标"干掉流水线"。在往后推行精益项目的过程中，从决策层到运营厂长不仅全程参与，而且给予从未有过的支持。正是高层领导的这种率先示范，使全体中基层员工看到公司对精益变革的决心，使全体中基层员工对精益的全面推行充满信心。

在精益变革中不是通过人的意识改变来带动行动改变的。真正的改变是用行动来诱发意识的改变。行为可以改变习惯，习惯可以改变命运。精益的推行不要求在所有事情都想得明明白白的时候再去做，而是在做的过程中用心去体会。只有所有中基层员工都行动起来，他们的观念、精益认知才会得到改变。

花钱多，短期不见效

精益需要花钱。企业在推行精益之初，谈得最多的两个话题：①钱，花得值不值？②钱投进去了，没有效果，大家对精益变革的信心还会有吗？在精益导入的早期阶段，我给大家定了一个里程碑——"干掉流水线"（使用精益线），这是奇思团队从前完全没有考虑过的问题。老旧的流水线体在骨子里被大家所接受，一线团队也与其建立了非常深厚的"感情"。未来的生产线体会变成什么样等疑问需要随着精益的推行一个个去解答。

（1）谁来推行此次精益线体变革？

（2）支撑变革的人才从哪里来？

（3）精益线长什么样，投资金额多大，员工是否能适应精益线体？

以上这些疑问给精益推行带来了极大的思想包袱，具体体现在以下3个方面。

外部机构只培训，效果不明显

自成立以来，奇思首次与 A 精益顾问专家团队达成长期战略合作关系，顾问专家培训内容以理论知识为主。项目成员普遍反馈课程内容枯燥，觉得学了没用，学习热度不高，学习意愿下降。具体体现在以下几个方面。

（1）专业性极强。绝大部分项目成员觉得学习精益跟自己的本职岗位工作的关联性不强。

（2）容易忘。课上所学到的知识点、方法论只停留在概念上，项目成员不能消化，课后很快就遗忘了。

（3）培训机构无法快速培养出符合需求的精益人才，项目缺少专业技术人才支持。

初期困境多，团队失去信心

在顾问专家的指导下，奇思很快组建了自己的项目团队。项目成员都是从不同的职能部门挑选出来的，他们没有任何的基础和经验。只有项目组长有些工程背景，但他对精益思想的理解知之甚少，更不用说运用精益方法论了。即使这样，他仍然成为整个项目推行的一根救命稻草。

在项目组长的带领下，项目成员通过多个日夜的奋战，搭建出了精益样板线（单人 Cell 线体）。在这个过程中，项目组长与所有项目成员一起在现场干。在精益线体上工作，需要切精益管、切工作台面，然而项目成员里面没有人会操控切管机。由于切割过程中会冒出火星，存在一定的安全隐患，所以没有人愿意触碰那台切管机。因此，项目组长只能从治具房调来夹具工程师现场手把手教大家如何操作。因为大家都畏惧切割这项工作，所以项目组长定的第一个目标：所有项目成员必须会操作切管机。团队克服了畏惧心理，后面的工作就能一帆风顺吗？

然而，项目成员搭建出的单人 Cell 线体在车间模拟验证了 7 天，却始终达不到预期的效果，最后项目团队不得不推倒重来，重新设计线体方案。至此，整个项目团队辛苦奋战了 10 多天，却又回到了原点。这种失望程度，就像刚经历了一场人生大考，明明很努力，可成绩却一直上不来，简直可以说是失望透顶。

在精益样板线的设计搭建过程中，线体每次的调整都需要快速用于车间进行实践模拟验证，精益线在包装车间里面来回搬进搬出，前后不下 10 次。反复的修改调整使很多项目成员根本看不到尽头，甚至不知道当下这样的坚持还有没有意义，渐渐地大家失去了耐心，表现出一副身心疲惫的样子。每次加班到凌晨时，项目组长可以从每位项目成员的面部表情上捕捉到其内心的无助。

线体改造，问题重重

单人 Cell 线体的模拟验证很快出现了一个问题，这打破了项目成员的前期期待。项目成员花了那么多心血在前期的线体搭建上，却达不到预期效果。由于未充分考虑人的主观因素，错漏问题不断发生，在短时间内项目团队没有更好的解决方案，大家又一次陷入困境，最后只能退而求其次，重新做动作分析，调整工艺，将一个人的动作拆解成 9 个人的动作，希望通过降低作业难度来改变现状。

然而，多人线体的试运行阶段并不顺畅，项目团队按照计划要在车间指定一个小组来配合完成试跑。在验证过程中，一位现场管理者不能按照项目团队要求来执行任务。因为人员异动问题，现场没有合适的人选能匹配岗位的需求，半天时间过去了线体还未理顺，导致整整 4 小时无产出。在这种情况下，项目团队暂停了当天的试跑，所有项目成员回到精益作战室，重新规划安排试跑验证时间。之后，项目团队自认为做好了充足的准备工作，然而在下午的试跑验证环节中，问题依然不断，如出现在制品堆积、取料不方便、物料补给慢、产品传递不顺畅等问题。对此，项目团队需要对线体重新进行改造，烦琐的改造过程再次磨灭了项目团队的信心。

在项目进行到一半的时候，竟然连副组长都离开了项目组。新替补的副组长在工作的开展方面又过于独立，在团队协作方面的经验显然不足。再加上新进项目成员（生产主管）在车间一线的推行力度不够，整个线体试跑效果验证不够持续。大家对于目标的理解程度出现断层，导致很多工作开展是停滞不前的。甚至在一次会议上，出现项目成员因为加入较晚无法理解项目组工作机制而与组长意见相左的状况。

除此之外，之前在单人 Cell 线体设计搭建的整个过程中，因为反复修改方案，所以精益架搭建的材料成本还在不断上涨，而实际收益却始终无法看到，这让所有项目成员都感到沮丧。预期 3 个月完成的项目一再延后，项目成员也在不断更换，进度长时间停留在效果验证环节，迟迟看不到收益。

"自动流水线"拆除，雪上加霜

早在 2021 年 3 月奇思同外部公司合作时，引进了 3 条"自动流水线"，因为生产模式发生变化，所以这几条流水线变成了鸡肋（①线体太长，节拍无法控制，影响整线平衡；②料件小，经常掉进传送导轨，卡住设备无法运转；③物料损耗比例上升），已然不符合时下需求。这 3 条"自动流水线"才进入公司不到 3 个月，还未正式开始投入使用，就被迫拆除，闲置在仓库了。

初步统计 3 条"自动流水线"的总价约 12 万元，原精益生产部经理是这 3 条"自动流水线"的主要推动者，而线体导入失败对其内心产生了极大的影响，最终其因该项目的夭折而离开了奇思团队。

投资回报慢，难坚持

精益是一种思想，是自上而下的一种理念。它要求我们破旧立新，推翻旧目标和旧秩序，建立新目标和新秩序，这种变革是前所未有的，奇思团队为此牺牲了太多，很多人倒在了黎明之前。对于项目目标的实现，不仅考验团队的智慧，还考验团队的毅力。项目在推行过程中因问题不断涌现而无法持续进行。奇思的精益推行，单在线体改造成本投入上便超过了 300 万元，而第一个月的几条精益样板线体的实际收益却不到 20 万元，这显然使团队意识到了这个问题的严重性。此外，当月的财务盈利表呈现亏损状态，这给公司经营管理带来非常大的压力。

单线设备需求量增加

随着精益线体的持续推进与覆盖，原来一条流水线只需要一套工装治具，原每小时产能可以做到 1200 个。而精益多人线每小时产能只能做到 650 个，产能方面减少了将近 50%的量，这也意味着精益线设备的投入增加了一倍的使用需求。设备的规划、申购单位，对于这种现象，表示完全不能接受。

无独有偶，团队在本次精益线体改造的过程中，面临一个非常大的难题，包装线体需要集中使用中封机。这台设备不仅尺寸大，而且价值不菲，单台设备采购价约 40 万元。如果按照目前的规划，一条精益多人线要对应 1 台中封机，那么要满足包装 1 天的生产量，需要新增 3 条精益多人线，这也意味着需要再申购 3 台中封机。这些设备应再投入 120 万元，就这样一笔巨额的投资，让整个团队感到束手无策，项目也因此陷入困境。

项目推行难落地，团队失去信心

在整个精益推行的项目中，奇思主要围绕样板线体 UPPH（人均每小时产量）效率提升 30%来开展。这个目标有多高，大家无法想象。要知道在现有的生产能力上，奇思对比同行业来说已经具备了一个较高的生产水平，而要额外提升30%的生产效率，谈何容易？

删繁就简，品质控制前移，质量压力空前地大。在对原流水线的工艺流程进行分析时，我们发现28人的线体中有4～5个功能全检的岗位。"为什么产品到包装前还需要全检呢？"顾问专家提出这个疑问。质量代表小刘说："因为组装过来的产品还有一定比例的功能不良品。不良类型包含不开机、无电流、花屏、按键不良的现象。"顾问专家说："我们为什么要为别人的错误买单？"此刻，小伙伴们都觉得顾问专家说得很有道理，接下来就如何取消包装产品全检岗位展开了激烈的讨论，品质代表在会上表示强烈的反对，这个议题只能暂且搁置。

内部改善向外部延伸。包装的原材料尺寸、规格种类不多，只有13种物料，但是包装方式千奇百怪，有用皮筋扎的、有用牛皮纸包的、有用自封袋或吸塑盘装的，且尺寸大小不一，显然这对精益线上料会有很大的影响。奇思团队在线体设计初期就对每一个原材料都做过设计，要求不合理的包装方式要更换包装来料尺寸。这个工作难度系数极大，没有人愿意承接这个任务，因为大家都觉得跟供应商沟通是采购部的事情，而项目团队中却没有采购代表。这使得这项工作没有人承接，项目因此暂停，不断延期。

与开发设计对接，不被理解，变更受阻。团队在做工艺流程分析的时候，发现有两个外观检查岗位。这个重复检测动作是否可以取消？组装已经全检过一次了，到包装后又检一次，重复检测本身就是一种浪费。这种浪费在现在的背景下，认为是合理必要的。顾问专家对两个外观检查岗位截出的不良品进行查看，发现外观不良主要体现在碰花、刮花等问题上。产品是经过组装全检、入半成品仓转入包装车间的，不良品问题出现在组装车间中的可能性不大，而出现在搬运和运输过程中的可能性非常大。就这个问题团队想出了一个很好的办法，就是将现有包装的一个 EVA[1] 直接调整到组装的物料清单（BOM）中。这样就可以将产品装入 EVA 中，在运输过程中产品就不会碰撞在一起了。这是一个很好的改善建议，必须马上推动改善。

---

1 EVA：一种由乙烯、醋酸乙烯共聚物制成的橡塑发泡材料。

然而当把问题反馈给研发设计部时，对方给出的答复是，"EVA 属于包装材料不属于结构件，放在组装的物料清单（BOM）中不合适"，"况且将 EVA 调整到组装的物料清单（BOM）中，刮花、碰花的问题不一定可以规避"。此时，由于无法顺利地推动研发设计部进行物料清单（BOM）变更，项目又一次陷入困境。

员工在观望，项目难坚持

当现实与理想起了冲突时，是现实向理想让步，还是理想对现实妥协？在精益推行的前 3 个月中，奇思新的生产模式在一线生产作业员这个群体里面不被接受。因为同样是工作，在流水线上做 8 小时，比在精益线上做 8 小时轻松得多。所以，愿意留在精益线上作业的员工少之又少，甚至在这个推行阶段，因为员工的不理解和不支持，项目成员不得不自己顶岗，弥补空缺，让线体能正常运行。

综上所述，精益的推行改变了原有的生产方式，阻力主要来自 3 个方面的变化。

（1）单一动作变多个复杂动作：员工作业由一个简单的动作变成了一人操作多个动作，这个变化使得工作复杂度提升了，对员工的操作技能要求提升了几个档次。同时包装撤销了外观全检这个岗位，而原来全检岗位的工作，被分解到了其他岗位上变成了自检检项。

（2）坐着作业变成站立作业：我们做过调查，目前电子行业拿珠三角区域来说，几乎 100%都是坐着作业的。这种模式是所有面试的新人所接受的。当我们的新人亲临现场看到站立作业的模式时，可以说完全没有回头率，几乎招不到新人。

（3）员工薪资无差异，人员流失率大：精益生产的变革，革的是老流水线的命。在整个变革过程中，团队发现新人几乎都按标准设定目标，在没有激励机制推进的情况下，所有的变革就像缺少了一台发动机。在开始推行精益项目时老员工因工作难度提升，离职率几乎达到 100%，当时车间里面现有的员工基本上都是一些刚入职 1～3 个月的新人，而他们也只是抱着观望的态度，随时有离职的可能性。在推行精益的当月，因精益线的导入，新老员工的替换使得当月的生产效率下降了近 30%，这使得精益在包装上的推行又增加了一层雾霾，未来的路变得更扑朔迷离。

第二章
奇思精益三环模型

行动起来，没有比今天更差了

塞涅卡曾说："对任何人，现在行动总是不太晚。"企业精益变革转型也一样，任何时候开始精益变革，都不会太晚。

目前，很多企业在面对精益变革转型这件事情上，都会有各种顾虑和担心，其中很重要的一条便是："我们现在才开始走向精益变革转型，会不会太晚？是否还有必要？"

其实完全没有必要担心这个。为什么这么说？因为精益是一种让企业不断变得更好的方式、方法，从任何时候开始，都是对过去的更新。更新意味着更好的开始，换句话说，只要企业行动起来，就没有比今天更差的结果。

著名的丰田生产方式的创始人大野耐一曾说过，走老路到不了新地方，过去的方法只能得到过去的结果，勇敢尝试，大不了再回去，下定决心走出困境。奇思便是如此。2021年6月16日下午，一场关于精益变革转型的启动会在奇思一楼会议室举行。会议室不大，当时会场上就二十几个人，但就是在这个小小的会议室里，播下了奇思精益变革的种子，也拉开了奇思精益项目大刀阔斧的改善序幕。

任何空想都毫无意义，唯有行动，才是改变现状的有效捷径。为了让员工积极行动起来，参与到精益变革改善项目中来，首先要解决的便是员工的思想一致性问题。奇思在此前也一直在推行精益，但没有明显的成效，总觉得这个不行，那个不行，很多精益项目刚开始就结束了，始终没有坚持下去。为此，在精益变革转过程中，奇思在顾问专家的带领下，首先进行思想转变工作。

思想的转变并非易事。要转变员工在原本工作方式、方法上的习惯，而采用一种新的工作模式工作，这不只需要智慧，更需要用结果来证明新的工作模式对工作效率有提升，这样员工才会愿意摒弃旧的工作模式，采用新的工作模式。在转变思想的过程中，奇思除了通过顾问专家的培训和相关精益活动的开展，还同步进行了精益变革一期项目，让员工一边学习精益思想，一边开展实际的变革项目，两者同步进行，学以致用。

通过这种方式、方法，奇思很快就取得了明显效果。在精益转型变革仅 5 个月后，奇思举行了精益变革项目一期的总结会议。这个会议可以说是一个丰收的会议，不仅因精益变革项目带来了巨大收益，而且因奇思员工认可接受了精益，并已经开始付诸行动了。

奇思精益变革项目一期通过 3 个多月的精益改善，实现了从最开始大多数人认为 UPPH 能提升 10%就不错了，到最后经过顾问专家的指导和在全员的共同努力下，所有改善项目 UPPH 都提升 40%以上，部分项目 UPPH 提升甚至超过 50%。这一有力的数据，打消了奇思所有在质疑和观望的员工的疑虑。他们开始全面接受精益变革思想，并将其运用到工作中。一时间，精益之风在整个奇思上下刮起。正如奇思精益智造研究院总监 Zili Chen 所说的："我们的精益变革转型经历了一个从怀疑到信任再到全面践行的历程。"

古人云：生于忧患，死于安乐。企业如果一直使用一种落后的生产方式，使自己处于一个落后于时代的时期，那么它最终只会被社会所淘汰。在如今激烈的市场竞争环境下，企业要想长期立于不败之地，就需要持续保持活力，不断地自我革新。在经历了 2019 年行业的风波后，面对市场各种不确定因素，奇思主动求变，聘请外部精益辅导公司，全面系统导入精益，最终取得显著成效，不仅在疫情期间没有因被影响太多而被淘汰，反而逆向上扬，公司业绩持续攀升。

唯有不断地努力和学习，才能跟上时代的步伐。奇思在经历了一段时间的尝试后，终于找到了自己的精益之路，并将精益化作为公司"三化融合"重要战略方向的其中一点，为公司可持续推行精益变革，奠定了坚实的基础。

而也正因为奇思在精益方面的持续推进和不断优化，奇思的生产效率持续提升，目前已经拆掉生产车间流水线，基本实现精益线生产方式；正在推进拆掉货架变革，以逐步减少滞留品和降低库存，最终实现低库存甚至零库存的生产方式。

从 2021 年到 2023 年，在精益变革项目的带动下，奇思以肉眼可见的速度在不断优化生产方式和提升生产效率方面，实现了人均产值的大幅度提升。与此同时，在精益人才培养方面也收获颇丰，先后举行了两期"精益人才训练营"，通过结合项目实践，培养了几十名精益讲师及六西格玛黄带、绿带和黑带人员。这些精益先行者既起到了很好的带动和示范作用，又有力地推动了整个奇思的精益实践。

"人生没有太晚的事，只要想做，一切还来得及。"我们习惯性用这句话来勉励人。其实对于企业也一样，只要想开展精益变革，不管什么时候开始，都来得及。对于一些长期使用固有的传统生产方式的企业来说，精益转型变革虽然很难，但是只要坚定信念去做，不畏惧过程中的困难和阻力，不断践行精益生产，持之以恒，就一定可以找到属于自己企业推行精益的方式、方法。奇思就是如此，从 2019 年开始做精益改善到 2021 年进行精益变革转型，在这两年多的时间中，在不断尝试与摸索的过程中，最终坚定精益变革的决心，才取得如今精益变革推行的成效。

行动起来，才是最好的开始。没有所谓的困难，只有不想面对困难的决心。奇思精益转型变革的历程告诉我们，只要企业下定决心进行精益变革，那么其最终的结果就像我们常说的："不会比我们今天所处的状态更差，只会更好。"这个多少则取决于企业推行精益的深度。

奇思精益三环模型概述

奇思精益变革经历了两年的萌芽期，经过团队的共同努力和专家团队的专业辅导，以及在推行中的不断总结与检讨，最后一致认为公司推行精益成功的 3 个要素是精益文化、精益人才和精益业绩。这构成了奇思精益三环模型，如图 2-1 所示。

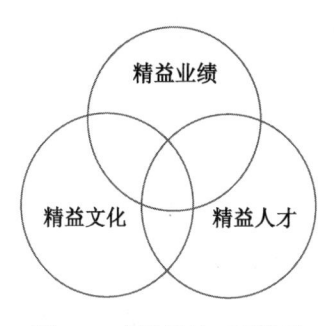

图 2-1 奇思精益三环模型

一家企业，精益推行得好不好，人才最重要，要以人为本。奇思在推行精益过程中把精益人才当作精益这个种子生长的土壤。精益人才匮乏，土壤就贫瘠，精益的种子就很难长好，甚至发芽都困难。精益人才丰富，土壤就肥沃，精益的种子才有可能长成参天大树。培养有精益思想、懂精益模式、会精益工具、能转化成精益成果的精益人才，是精益推行成功的最重要因素。关于人才培养，起初大家觉得只要聘请外部顾问专家团队做辅导，内部只需要按专家的指导实施就好了。然而，有一次内部精益部负责人在与外部顾问专家沟通时问道："老师，我们奇思和您的合作方式是顾问老师主导还是内部员工主导？"顾问老师说："请问您是想请我们作为一位专职司机，还是请我们作为驾校的教练？如果您是要请专职司机，那您以后都不会开车，公司所有的车都要请司机来开；如果您是请驾校教练，那公司的员工都学会了开车，人人都是司机，才能随心所欲地开车去想要去的地方。"自此之后，奇思明白了精益人才培养是公司能否持续推行精益的基础，于是便投入了大量的资源来培养公司的员工，包括营造一个自主学习的读书氛围，如组织员工学习精益 3 本经典书籍——《精益思想》《丰田模式：精益制造的 14 项管理原则》《现场改善：低成本管理方法的常识》，并结合自己的实际工作分享读书感悟，在公司精益变革群里形成相互学习、相互借鉴、你追我赶的学习氛围。

此外，奇思还建立了"战训结合"的人才培养模式，把员工培养成实战型与学术型相结合的复合型人才，既懂精益知识又掌握精益工具，并且能在实际改善工作中产出收益。

精益这颗种子要生根发芽，光有土壤还不够，还需要精心地浇灌，这就是精益文化。我们通过精益文化来不断熏陶和浇灌这颗精益的种子，主要体现在以下几个方面。

一是通过高层领导参与,把精益作为公司的三大核心管理思想;举办领导讲精益文化活动,把思想理念传递给更多的员工,让每一位员工都认识精益的重要与意义。二是以精益为纽带逐步渗透周边部门及上下游供应链,让大家都清楚精益不仅是制造部的事,而是每个部门的事。公司的每个部门都能参与精益推行,都能把精益的思想应用到工作当中去,如研发部在参与了精益研讨后,提出了"产品平台化,零件标准化"的精益研发思想;采购部也迅速启动了以 VMI[1]为基础的以库存水位拉动上游供应商的项目,开启了精益供应链之旅;财务部的伙伴也积极参与精益的收益核算,同时也开启了成本的预算管理,从财务的角度来指引大家推行精益;销售部也开始逐步建立销售渠道与制造模式对接,按产品全价值流分管道化运作,根据不同客户需求来匹配对接的价值流管理,更能满足客户的需求。三是通过精益文化宣传和精益竞赛活动开展,营造一个处处有精益的氛围,把与精益相关的活动内容通过微信公众号、公司宣传栏、OA[2]平台等发布出去,实现到处可见精益;同时开展精益创新评比大赛、精益设计大赛等活动增加精益推行的活力,给更多的员工提供展示的平台。四是通过提案改善活动的开展,将每位员工的潜力发挥出来,让每位员工都参与到精益当中来,而不是使精益成为少数人的"作业"。通过这一系列的举措,几乎每位员工都可以参与精益,每个工作都有可改善的空间,每处地方都能看到精益的影子,从而形成了独特的奇思精益文化。

有了人才的土壤及精益文化的浇灌,在阳光的作用下,精益的种子才能发芽、生长,最终长成参天大树。这里的阳光,就是精益业绩,也就是精益项目。通过精益项目的实践,精益人才和文化在项目上发挥作用,带来业绩上的价值。这个业绩也反过来不断促进精益人才队伍的持续壮大和精益文化的不断深入。我们以精益项目为推手不断深挖业务痛点问题,持续为公司及客户创造价值,创造了可观的业绩,如图 2-2 所示。我们从 2021 年开始推行精益,精益项目收益逐年成倍增长;通过精益单元生产线全面复制推广,组装效率提升了 45.3%,包装效率提升了 64.6%,人均产值翻了一番;通过建立三级循环看板拉

---

1 VMI:供应商管理库存,英文全称为Vendor Managed Inventory。
2 OA:办公自动化,英文全称为Office Automation。

动，结合均衡化排产，物料分 ABC 管道化运作，库存设置高低水位基于实际消耗产生前端需求，同时设置安全水位进行预警管理，在库存下降 30%的同时交付周期持续稳定在 99.5%以上，单位面积产值提升了 3 倍。

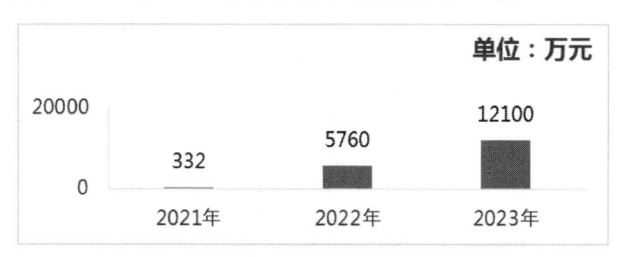

图 2-2 奇思的精益项目年累计收益

奇思有效利用内外部资源，把公司精益文化、精益人才、精益业绩融合促进，形成三环管理模型，成为公司在精益萌芽期变革成功的三把金钥匙。

精益人才——人人有所用

奇思精益三环模型的第一环是精益人才。人才是一切的根基，有人才能干活，干好活才有业绩输出，所以人才培育是奇思精益三环模型的首个核心环节。奇思信奉"人人有所用"的人才培养理念，着力打造以精益为平台的学习型组织。

基层、中层、高层全方位覆盖的精益认证体系

奇思通过奇思精益改善师带级认证金字塔模型（见图 2-3）让每个阶层的员工都能找到自己的价值，促进全员参与精益，保障人人有所用。不论是工程师、主管、经理、总监或者厂长，都要经过相关精益培训认证成为精益改善师黄带、精益改善师绿带、精益改善师黑带，最终到辅导老师层级。

精益改善师黄带主要由职员和工程师层级组成。想要认证成为精益改善师黄带，除具备一定的精益知识作为基础外，还需要有精益项目成员的实践经验。精益改善师绿带则主要由主管层级组成，需要其掌握丰富精益知识，并有主导精益项目开展的组长或副组长实践经验。精益改善师黑带主要由经理级层级组成，除具备更深层的精益知识面及主导过相关项目外，需要有辅导项目的实践经验。而

总监、厂长层级，则作为辅导老师参与各个项目之中。在逐步导入精益案例实践的过程中，奇思参与精益项目的项目成员在做中学，学中做，一批项目的结案，就意味着又有一批认证了精益改善师带级的人才新鲜出炉。以此一步步以点带面，去夯实整个精益人才团队的根基。

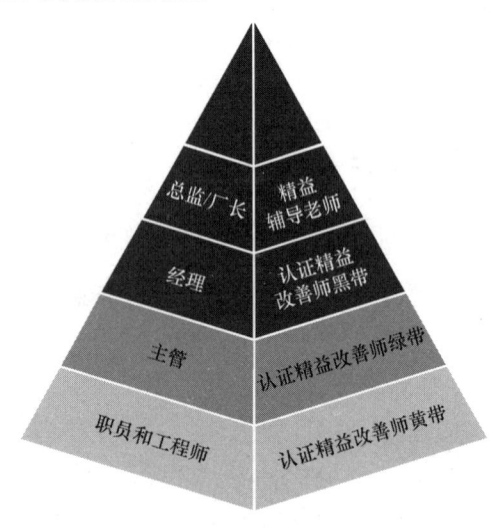

图 2-3　奇思精益改善师带级认证金字塔模型

在精益的推行过程中需要进行大量的培训，让每一位员工理解精益思想、会精益工具、能做现场改善，因此需要大量的精益讲师来讲课，而精益讲师的来源主要来自两个方面：①精益改善师绿带以上的层级，要求必须认证精益讲师，开发至少一门精益课程；②有志愿向主管岗位发起冲击的职员和工程师层级，也可以通过认证精益讲师，获得晋升主管的优先权利。在经过外部顾问专家的辅导培训后，参加精益讲师认证的员工将基于学习到的精益知识点内容，结合公司内部的实践案例进行内化课程的开发，并由外部顾问专家参与的评委组组织精益讲师认证，确保精益讲师的素质。通过这两个方面的结合，不仅可以壮大精益讲师队伍，还可以保障高质量的精益课程的持续开发，增强公司的精益底蕴。

建立"战训结合"的人才培养模式

在你所在的公司有没有这样的现象：公司花了高昂的费用找了顾问公司过来组织培训，大家热热闹闹上了几天的集训，一众管理层打了鸡血似的疯狂立志从明天开始要立马改变，对培训老师的培训评价也挺高的。但培训完第二天上班，看着因为集训耽误的一堆工作，想着这周把拖下的工作先处理了，下周再开始改变吧。然后还没等到下周，又有其他新的任务不断加进来，于是，久而久之，一个月后，想要改变的念头已经抛到九霄云外了。

像这样花了钱不见效的培训，平时应该不少见吧？这是因为大多数公司的培训，只做培训效果分析的一级反应评估，只追踪评估学员在当时的感觉，并没有对成员知识掌握情况进行考核评估，也没有了解培训过后学员在行为上是否发生改变，更别提评估培训过后的实际产生效益了。柯氏四级培训评估模式，如图2-4所示。

图2-4 柯氏四级培训评估模式

奇思精心打造"精益人才训练营"的专项培训，建立"战训结合"的人才培养模式，以"8+1+1"（8门精益课程+1个项目+1次拓展）的模式作为"精益人才训练营"的培训形式。每一期训练营培训的结束，就会有一批精益项目的结案，精益培训产生的经济效益立竿见影地可以呈现出来。

截至2023年，奇思累计开发了20门精益课程，开展了72次的精益培训，培训人次共计1847人次。

尊重人才，充分激励

奇思在遭受被其他公司猎挖的"滑铁卢"之后，加大了对精益人才的激励保留，尊重精益人才所产出的成果，并制定了一系列的政策和方案保留精益人才。

（1）**精益带级津贴**。所有认证精益带级的员工，根据带级每月享有带级津贴。

（2）**教材费及课酬费**。精益讲师每年都有一笔用于购买书籍或课程学习的报销额度，每次授课会有讲师费，如开发了成熟的课程也有课程开发奖励。

（3）**提案奖金和项目奖金**。当员工提出一个改善提案或者完结一个精益项目产生收益后，将会视其改善提案和精益项目产生的经济效益或隐性效益，予以即时发放丰厚的提案奖金和项目奖金。

（4）**年终奖**。奇思每年的年终奖分配打破常规方式，除在出勤、绩效维度评估年终奖数额外，还有单独的精益奖金包，由精益智造研究院根据员工年度在精益方面的贡献值进行评价分配。

（5）**精益积分制**。员工在参与项目、改善提案、精益培训、精益读书分享、精益技能大赛等活动时，均会获得精益积分。精益积分可用于获取外出参观学习机会、兑换礼品等。

（6）**晋升门槛**。所有主管级及以上的晋升答辩，均须由精益智造研究院参与，评估其过去观察期内在精益方面的贡献值及对精益思想的认知度。当精益人才基数达到一定程度时，公司将限制针对常规职能板块的主管级及以上人员的外聘通道。

（7）**足够尊重**。针对员工每一次分享的读书感悟，奇思高层领导都会认真阅读并进行评价；每一次的项目或培训的启动会，奇思高层领导也会积极地参与，对项目成员、培训学员给予鼓励，报以期许，在结案总结的时候，高层领导也会为其颁奖，以表感谢。

奇思以基层、中层、高层全方位覆盖的精益认证体系保障精益人才持续供给，并通过建立"战训结合"的人才培养模式保障培训效果，同时给予充分的尊重及激励，保障精益人才留存率。如此，精益人才认证、培养、激励形成一个闭环，构成奇思精益三环模型的第一环。

精益业绩——天天有进步

奇思精益变革以项目形式运作，在两年多的时间里开展了20多个项目，平均每个月推行一个项目，平均每天都有效率提升、有成本降低、有库存减少、有品质提升、有周期缩短。项目运作带来了天天有进步的业绩，精益项目成为制胜法宝。那如何才能规划好项目推行的节奏？又如何管理好项目呢？

奇思精益项目分三步推行（见图2-5），第一步：0到1突破。采用外部顾问专家辅导小范围开发验证，以外部顾问专家的辅导为主，奇思团队跟着专家的思路推行项目。很多项目为公司或同行首次推行，例如，单元生产线、拉式生产系统、厂内物流系统等。起初在导入精益的时候奇思团队采用的是大范围推行，错误地认为只要公司各层级管理人员足够重视，肯定会取得很大的成效，然而在推行过程发现项目团队太过庞大，项目实施进度太慢，不能快速取得效果，周期拉得太长（超1年），导致项目成员失去了信心。后来调整为0到1突破小范围样板线建设，通常是选择一个机型，或者一条产线，或者一个流程推行，这样可以聚焦团队力量把样板线建设中遇到的问题快速解决，短时间（1~3个月）内就取得了明显的效果。例如，某机型导入单元生产线，一个月就成功导入，效率提升52%，这使项目成员信心和成就感满满。

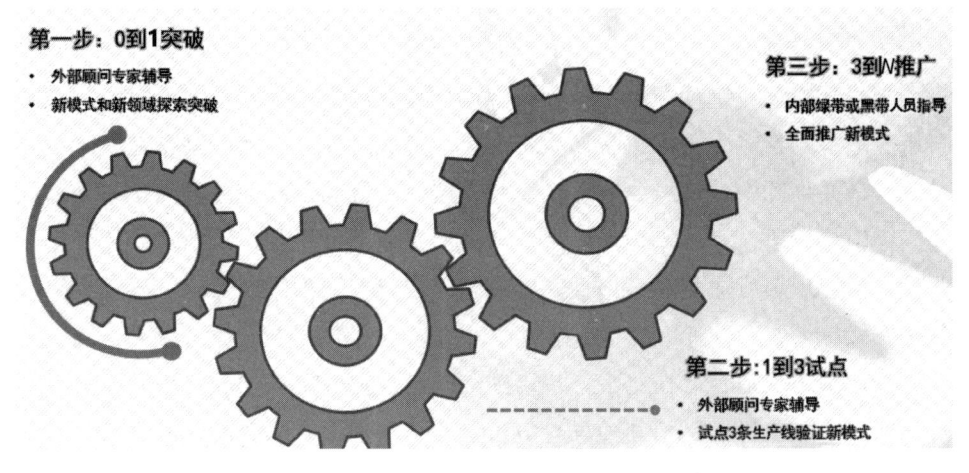

图2-5 奇思精益项目推行的三步

第二步：1到3试点。这一步以项目领导为主导，外部顾问专家通过从旁指点，确保整体思路不走偏，在试点局部范围（30%左右）验证新的模式是否通用，并在推行过程中总结相应的方法论，把实施的每一步都规范化和标准化，连每个表格都做成统一的模板。同时，在此过程中，主要培养掌握整套方法的精益改善师黑带和绿带人员，为后续的快速复制推广打下基础。在这一步中，奇思走入过一些误区。例如，一方面部分员工认为已经实现了 0 到 1 突破，第二步就不需要外部顾问专家的辅导了，凭着自己的理解去实施，却发现走着走着遇到了新的问题无法继续下去了，或者是越走越偏，最后达不到预期的效果，甚至团队怀疑了第一步的方法有效性、适用性，出现最后的结论是这种方法和模式只适合小范围，不适合大面积推广应用。最终，导致第一期的成果无法复制推广，精益的推行也因此而断了。此步还有一个误区就是一步到位，误认为既然样板线能有这成果，就应该全范围地推广第一步的方法，却没有考虑通常在第一步中外部顾问专家会选择最容易实现的机型、最好的现场管理员和最熟练的员工。如在第二阶段就全面复制推广，就会面临遇到工艺更复杂的机型、现场管理水平更低的一线管理员、作业技能不熟练的新员工和临时工等问题。如果范围太大，则会使项目成员面临太多的问题而无法在短期内解决，可能就导致项目无法达到目标，甚至以失败而告终。

第三步：3 到 N 推广。这一步以第二步培养的精益改善师绿带或黑带人员指导新的项目领导开展项目为主，一方面把第二步培养的精益改善师绿带或黑带人员培养成精益讲师和指导员，实现内部辅导内部；另一方面在推广项目中再培养更多的精益改善师绿带和黑带人员，形成阶梯式的实战型精益人才培养模式。在此步骤中，奇思也走入过一些误区。一方面，因前面两步都是外部顾问专家辅导，所以第三步仍然聘请外部顾问专家辅导推行，虽然达到了预期的效果，但发现项目成员有了惰性，一遇到问题就问外部顾问专家，甚至专家说怎么做就怎么做，没有思考和总结，导致参与了 3 次项目仍不能独当一面。另一方面，为了使项目尽快结案，所以继续选用了前面两期的项目组长，虽然项目很快就达成了目标，但其他项目成员自始至终都没有学会相应的精益工具和方法，这使精益的工具和方法只被少部分员工所掌握，当人才出现了断层时，则无法持续扩大精益的推广面。

奇思在推行精益项目中除了采用三步来推行，对项目的管理也进行了标准化管理，流程标准基于 PDCA 循环，如图 2-6 所示。精益项目主题来源于 3 个方面。一是公司战略 OKR 目标分解与现状差距，二是市场或终端客户需求，

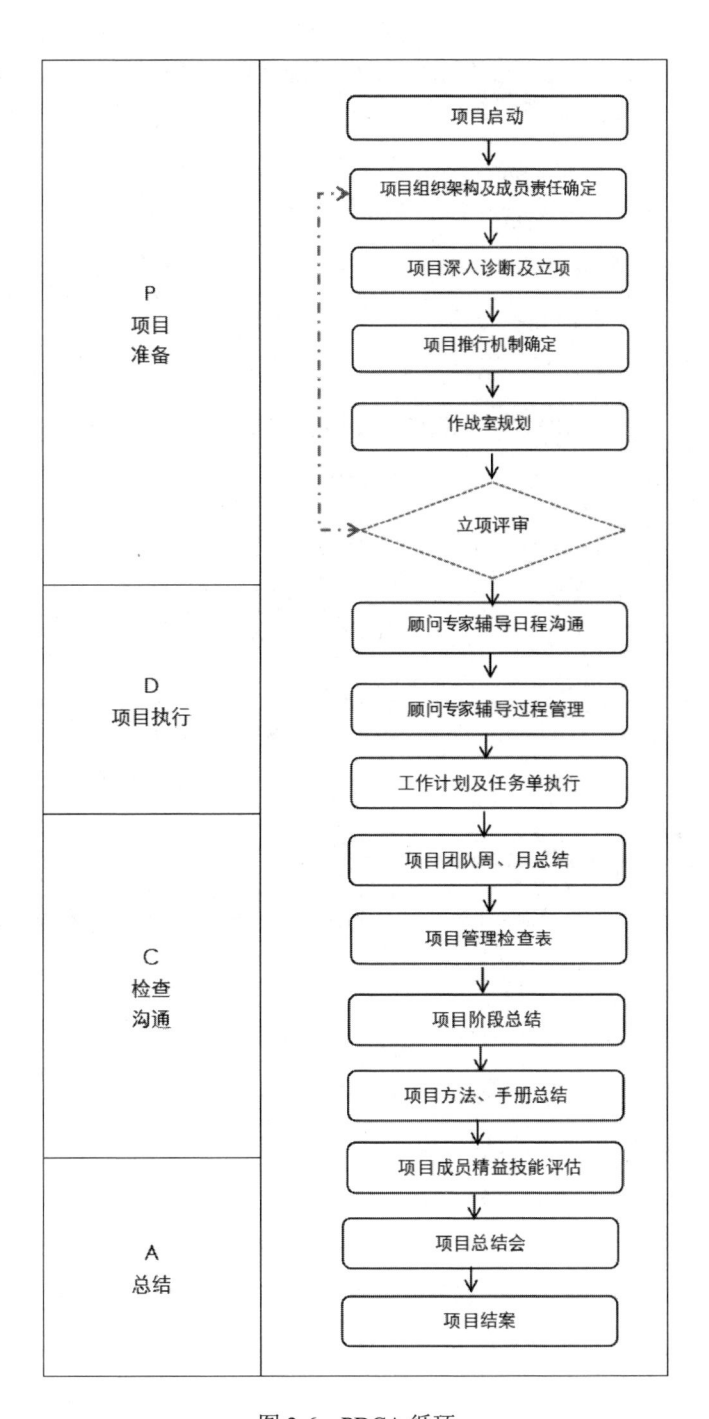

```
┌─────┬──────────────────────────────┐
│     │         项目启动              │
│     │           ↓                  │
│     │   项目组织架构及成员责任确定    │
│  P  │           ↓                  │
│ 项目 │     项目深入诊断及立项        │
│ 准备 │           ↓                  │
│     │     项目推行机制确定          │
│     │           ↓                  │
│     │        作战室规划             │
│     │           ↓                  │
│     │        ◇立项评审◇            │
├─────┼──────────────────────────────┤
│     │    顾问专家辅导日程沟通        │
│  D  │           ↓                  │
│ 项目 │    顾问专家辅导过程管理        │
│ 执行 │           ↓                  │
│     │    工作计划及任务单执行        │
├─────┼──────────────────────────────┤
│     │      项目团队周、月总结        │
│  C  │           ↓                  │
│ 检查 │        项目管理检查表         │
│ 沟通 │           ↓                  │
│     │        项目阶段总结           │
│     │           ↓                  │
│     │      项目方法、手册总结        │
├─────┼──────────────────────────────┤
│     │     项目成员精益技能评估       │
│  A  │           ↓                  │
│ 总结 │        项目总结会             │
│     │           ↓                  │
│     │         项目结案              │
└─────┴──────────────────────────────┘
```

图 2-6　PDCA 循环

三是未来价值流规划。确定主题后项目正式启动，在项目计划阶段首先会成立项目团队与确定职责分工，与此同时会对背景、现状、问题描述和目标进行深度分析，制订相应的里程碑计划，以及确定此项目的范围，最终输出项目立项报告（见图 2-7）。在项目计划阶段会投入大量的时间做现状调查分析及方案研讨，实施方案确定采用 7→3→1 的方法（项目团队分组讨论 7 个不同方案，分析各方案的优缺点评分，筛选出 3 个评分高的方案，再把所有方案的优点融合成 1 个最终方案），遵循精益"慢计划，快行动"的原则。

项目名称：【拉式生产模式导入项目】

业务背景 / Business case: 1. GV自主品牌备货销售成品库存多； 2. 公司按订单推式生产导致全流程库存多； 3. 订单发货齐套性差，存在等待现象，准时交付率低	项目范围 / Project Scope: 事业部：奇思一厂 车间：原材料仓、半成品仓、成品仓
项目关键指标 / CTQ: 1. 库存周转天数，2. 准时交付率	项目里程碑：（项目节点，时间12个月内完成） 1. 项目启动： 2022年5月17日完成 2. 呆滞库存处理：2022年7月15日完成 3. PFEP建设： 2022年8月15日完成 4. 原材料VMI导入：2022年10月15日完成 5. 拉动系统IT开发：2022年12月30日完成 6. 订单计划系统化：2023年3月20日完成 7. 项目总结： 2023年4月27日完成
问题描述 / Problem Statement: 1. 全流程库存周转天数高达107天； 2. 订单发货不齐套，准时交付率只有77%	项目团队 / Project Team： 项目组长：XXX（组长），XXX（副组长） 项目成员：信息部XXX、资材部XXX、采购XXX、PC XXX、MC XXX、仓库XXX、生产XXX、销售XXX、策采XXX、精益XXX
目标阐述 / Goal Statement：（对应项目关键指标） 1. 订单交付达成率由77%提升到98.5%，挑战提升到100%； 2. 全流程库存周转天数从107天降低至1/3，挑战降低至1/2	

图 2-7 最终输出的项目立项报告

外部顾问专家定期进行辅导，项目每周输出改善新闻，按期输出周报、月报，并要求每周至少有两次项目成员脱产共同作业两小时以上。在精益推行的初期，项目成员认为精益项目只要分工明确，最终一定能达成项目目标，然而事与愿违，团队分工后出现有些项目成员对其他项目成员的工作不熟悉，甚至不理解的问题，导致项目方案很难执行落地。因每个阶段项目方案的侧重不一，有成本优先的、有周期最短的，也有风险最低的，如果没有共同讨论、共同决策以及共同作业的项目方案是无法获得所有项目成员的理解的，更何况方案执行的一线员工呢？因此每个项目都会受到项目成员的质疑和抵触，导致后期方案执行过程中效果很不好。

在项目的执行过程中，项目成员每天会对项目数据进行检查、确认、分析、讨论，确认过程中有哪些问题要解决、是否达到预期的目标。项目结案后举办项目总结会，输出流程标准化、精益项目的方法论，以及所有项目成员评价报告。最后，对后续还需改善的地方进行汇总，制订下一步计划，或者启动下一期改善项目以期持续改进。

"无处不在"的精益文化

文化如水，润物无声。企业长期生产经营活动中积累的企业文化，是企业健康持续发展的内在动力。精益生产的推行也是如此，精益文化是激发员工内心共鸣，推动员工主动参与精益，充分利用有限资源进行优化改善的内在动力。

2021年6月，奇思聘请精益咨询公司做精益辅导，全面导入精益变革项目，奇思精益文化也随之生根发芽。为打造属于奇思的精益文化，经过两年多的探索，目前已经初步形成一套具有奇思鲜明特色的精益文化体系，并依托这套精益文化体系，顺利开展了3期精益项目，培养了一大批精益人才，为奇思全面推行精益生产打下了坚实的思想基础。

冰冻三尺非一日之寒，在构建奇思的精益文化体系的过程中，奇思有什么举措呢？

1. 优化改善提案制度，激发全员精益创新积极性

在此之前，奇思已有改善提案制度，但员工一直处于被动参与的状态。为激发员工参与改善提案的积极性，奇思精益人才组主动与员工进行交流，结合员工提出的需求，开发了一套《提案改善培训》课件，并邀请精益工程师进行现场培训；与此同时，不仅针对改善提案设置相对应的奖金，还将之与精益积分相挂钩，两者联系在一起，让改善提案变得更有吸引力。

通过对改善提案制度的调整优化，员工改善提案参与率有了显著提高。生产一线的领班已经学会在工作中发现问题点，并通过精益工具和方法论进行精益改善。生产一线已经成为改善的主力，如调整优化了提案制度后，生产一线的一名员工很快就提交了46个有效的改善提案。这两个案例只是奇思众多改善案例的一个缩影，还有很多类似的改善案例每天在奇思发生，截至目前，已经收到员工提交的共计 2467 个的改善提案，对助力奇思降本增效起到了非常积极的作用。

2. 通过读书分享，提升员工精益理论基础

在外部顾问专家的推荐下，奇思将《精益思想》《丰田模式：精益制造的14项管理原则》及《现场改善：低成本管理方法的常识》作为员工学习精益必读的 3 本书籍。为此，奇思特别采购了一批回来，免费提供给员工阅读。另外，为体现仪式感，在每期精益项目启动仪式上，奇思高层领导都亲自为项目成员发放这 3 本精益书籍。

在奇思高层领导的大力推动下，精益书籍阅读之风在奇思内部持续发酵，精益人才组还同步建立了阅读分享机制，根据阅读书籍的顺序，要求精益项目组及精益人才班的项目成员每周至少分享一次读书感悟，并将此与精益积分相挂钩，每分享一次可获得 5 分的精益积分。

员工在精益群分享读书感悟时，包括我、中心负责人等在内的高层领导积极回应分享的内容，进行评论，极大地激发了员工分享读书感悟的积极性。图 2-8 为我在员工读书分享中的点评。

当前，每周的精益读书分享，已经成为员工日常工作的一部分。员工将从阅读中获取的精益知识运用到实际的工作中，再以读书分享的方式，让更多人一起互相学习与借鉴，如此形成了一个良性循环，不仅提升了员工精益理论基础，同时也成为奇思精益文化的重要组成部分。

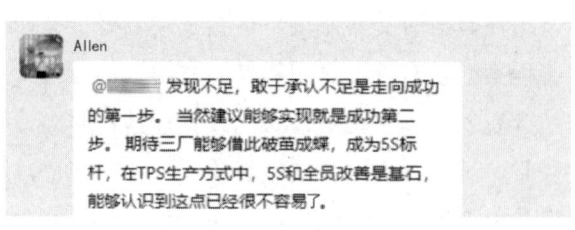

图 2-8 我在员工读书分享中的点评

3. 制定精益人才培养方案，传授精益知识

为搭建奇思精益人才梯队，精益人才组制定了一整套人才培养方案，包括精益改善师带级认证、精益讲师及组建精益人才训练营等。在这个过程中，奇

思目前已经有 26 人获得精益改善师带级认证，15 人获得精益讲师认证，29 人通过精益人才训练营考核。

在这 3 个简单的数字背后，却有一整套的系列课程。奇思精益人才组从零做起，从选人开始到最终完成认证，投入时间之多，过程之艰难，非一句话可概括。就拿精益讲师认证来说，讲师首先要是岗位表现优秀者，还要具备丰富的精益理论知识，同时有良好的授课能力及课件开发能力等。

奇思精益人才组投入很大精力开展人才培养，旨在为奇思储备一批精益人才，而这批精益人才将成为奇思未来推行精益的种子，言传身教，传递精益思想，让更多员工参与到精益改善中来，如此形成一种"传帮带"的精益文化。

4．实行精益积分兑奖机制，激励全员积极参与精益项目

为激发全员积极参与精益改善，同时向外界展示奇思的精益文化，奇思精益人才组特别实行精益积分兑奖机制，全体员工可用自身的精益积分，兑换相应积分的礼品，让付出和回报形成正向体现。

2023 年 5 月，由精益部组织进行了精益积分兑奖活动，当员工用自己的精益积分兑换到心仪的礼品时，内心有太多说不出的欢喜，而这份欢喜也感染着周围的员工，他们纷纷表示要积极参与公司精益改善，在学习精益的过程中，能凭借自己的精益积分，兑换心仪的礼品。

一个简单的精益兑奖活动，却能给员工内心一种十足的参与感和收获感，这便是文化的力量，润物无声，却能激发人的内在驱动力。

5．召开精益周讨论会、月度改善会，碰撞出思想的火花

说到周会、月会，可能很多员工会有抵触，但正是通过这种讨论和总结性的会议，思想火花才能在一起碰撞出来。过程是枯燥的，收获却是实实在在的。

既然是精益的周讨论会和月度改善会，那肯定是以精益的方式进行的，以学习交流、总结改善为会议主旋律的。每次的月度改善会上，奇思精益人才组会邀请外部顾问专家参加会议，并在会上给予相应的辅导，进行现场解答，这样不仅现场解决实际困惑，而且可以让员工实现快速成长。

在奇思精益人才组的组织下，目前奇思精益团队已经形成相对成熟的精益会议机制，以学习交流为初衷，以解决问题为目的，让每一位参与精益会议的员工都能有所收获。

6. 通过线上线下宣传渠道，营造处处有精益的氛围

奇思在开始进行精益变革转型时，就定下一个基调，那便是全员参与，人人精益。精益不是一小部分人的事情，是整个奇思的事情，因此为让更多员工积极参与到精益变革中来，奇思在线上线下进行全面的精益宣传（见图 2-9），营造整个公司处处有精益的文化氛围。

图 2-9 奇思精益文化宣传

在线上方面，奇思在官网、官方微信公众号、奇思 OA 平台、内刊以及各种工作群都同步进行精益相关方面的宣传，并设置了"精益点灯"栏目，分享精益的点点滴滴，树立那些在精益方面做得优秀的员工榜样，从而激励更多员工加入到精益改善中来。

在线下方面，首先在公司宣传栏上，专门设立一整面宣传栏用于精益宣传，里面的内容也会有专人进行定期更新和维护，将公司精益的最新动态展现

在公司的最前端，让公司内外的人员都能看到奇思在精益方面的资讯。其次在每个车间、每个楼层都安装多块精益知识看板和优秀精益改善提案墙，员工在闲暇之余不仅可以学习精益方面的知识，同时还能参考那些优秀的精益改善案例，从而因获得启发而加入到精益改善的过程中来。

通过线上线下的全方面宣传精益，精益无时无刻不在我们周围，就是因为有这样的耳濡目染，越来越多的员工看到精益、学习精益、了解精益，最终加入到精益改善中来。

7．组织开展各类精益活动，激发全员参与精益的热情

精益的过程是一件相对枯燥的事情，为了让参与精益过程的员工能从中感受到乐趣，奇思根据精益推行的进度，适时地开展各类精益活动，如精益创新评比大赛、精益线体设计大赛、精益标语征集大赛和精益人才训练营户外团建等，以激发员工对精益改善的热情。

每次开展精益活动，也是一次扩大精益参与范围的契机。精益推行从最开始的直接关联部门到整个公司全员参与，需要一个循序渐进的过程，而如何让更多的员工自主自愿加入进来，开展活动便是一个很好的方式。开展活动相对于直接进行精益宣传或者开精益会议来说更加地轻松有趣，因此更容易让人接受和参与其中，并且从活动中感受精益也是一种快乐的事情，一种付出就有收获的事情。

以活动激发员工参与精益的热情，以活动带动更多员工积极参与到精益的过程中来。活动的独特魅力正成为奇思在推动全员参与精益过程中重要的润滑剂，让精益不再枯燥乏味，也不再是某一个人或者某一部分人的事情，而是所有员工共同参与的事情，最终实现人人改善、处处精益的公司文化氛围。

精益文化不是一朝一夕就形成的，也不是简单地喊几个口号、表表决心就能形成的。精益文化建设是一个长期坚持的过程。奇思用了近两年的时间，在所有精益人员的共同努力下，初步形成了一套适合自己的精益文化，这样的成果实则来之不易。精益改善，永无止境，奇思仍需要对现有精益文化进行持续改善，让精益文化成为精益推行的内在动力，激励更多员工积极参与到精益改善中来，最终实现全员参与精益的文化氛围。

第三章 精益人才

总经理挂帅

奇思在精益人才培养方面能取得巨大的突破，尤为重要的一点是总经理挂帅带动一众高管学习精益，参与精益项目和精益分享。这时很多老板和高层领导可能在想："我又不懂精益，我要是会搞精益，还要花钱请人来干什么？"或者"我给钱、给资源就好了，如果什么都要我参与，我哪有那么多时间？大不了我重奖之下出勇夫，多给点激励就好了。"

以上这两种心态都是不对的。

不要觉得不懂精益，就不能为精益变革推行做贡献，这是一种逃避。很多时候员工正是抱着自己不会、不愿学习的想法抗拒精益。这时总经理和高层领导带头使自己从不懂精益到精通精益，这给员工带来的榜样作用是非常大的。总经理和高层领导都能直面自己的不足，努力地学习，员工还有什么理由逃避？

也不要觉得给钱、给资源就好了，自己不用参与事情就能做好。大部分的员工只在意你检查的事情，只有极少数人能自动自发地做事。于是，我们经常可以在企业看到一种现象：只要高层领导参与的项目，各部门都积极配合，基本最终的结果都不会差；但基层员工或者中层管理主导推行的项目，遇到的阻力会非常大，以至有的项目会无疾而终。

确立精益为公司三大核心管理思想

OKR、IPD、精益（Lean）是奇思的三大核心管理思想。OKR 是激发组织潜能的目标管理系统，IPD 是产品集成开发的流程系统，精益则是制造供应链管理的系统。当时确定公司核心管理思想的时候，公司高层领导组织了深度的研讨，唯一没有争议全票通过的思想就是精益。因为处于全球制造业前几位的企业都在持续学习诞生于丰田的精益，并已逐步扩散到物流、医疗、服务等领域，甚至很多银行、金融、政府都在推行精益。因此，奇思作为制造业的一员，要想立足于制造业，成为业界标杆，自然就避免不了推行精益。

一次精益研讨会上，一位员工提问："精益太难了，有没有更好的思想和方法？"我反问道："在场的各位谁能说出在制造业比精益更有出路的思想和方法吗？"在场的所有人都陷入了沉思，没有人能站起回答，显然大家心里都没有比精益更好的思想。于是我补充道："精益思想在丰田经历了几十年的验证，同时《财富》世界 500 强里的大多数制造业企业都在学习精益思想，并且这些企业持续处在世界前列，我们还需要质疑精益思想吗？一个新的思想和方法的导入一定会遇到问题和困难，我们唯有坚定不移地推精益，有遇山开路、遇水搭桥的决心，在推进的路上克服一切困难，最终我们才能到达山顶。"从此，公司内部再无质疑精益的声音，所有员工逐步接纳精益思想，学习精益知识，开展精益活动。

带队学习标杆企业

在确定精益作为公司三大核心管理思想之后，公司很多高层领导还是不能理解到底应该如何走属于奇思自己的智能制造之路，于是由董事长张升伟和我带队，组织总经理助理 Jason、工厂厂长 Ron 以及精益智造研究院总监 Zili Chen 等一众高管外出参观学习。

在此次学习考察行程中，有两家企业是全球经济论坛评选的"灯塔工厂"，分别是博世（苏州）和菲尼克斯（南京）。"灯塔工厂"被誉为"引领制造业未来"的智能制造的典范，全球目前共有 69 家。博世和菲尼克斯这两家企业有很多共同点：①都是德国企业；②都是"百年老店"（博世 130 年，菲尼克斯 97 年）；③都是德国工业 4.0 的发起单位。这两家企业代表了智能制造的最高水准。

参观完之后，高管都对奇思如何一步步向"灯塔工厂"靠近有了更明确的思考和规划，以下为奇思精益智造研究院 Zili Chen 参观之后的一部分内容分享。

那么回到我们公司的当下，按照通常讲的"信息化、数字化和智能化"的 3 个阶段，我们处在第一个阶段信息化阶段。我们目前正在做的系统包括

ERP[1]、MES[2]、SCM[3]、WMS[4]及 OA。ERP 系统计划在 2021 年 7 月 1 日上线，并在 2021 年底前逐步完成 ERP 系统的深化及 MES、SCM、WMS 系统基于新 ERP 系统的重构工作。2021 年下半年，我们会导入智能物流和智能仓储项目，通过这两个项目实现设备数采与信息化的集成。2021 年第四季度会导入 PLM[5] 系统。2022 年第一季度导入 CRM[6] 系统，那么在 2022 年第二季度末，我们基本会完成信息化阶段的系统全覆盖的任务。第二个阶段数字化阶段预计从 2022 年第一季度开始，通过端到端的流程梳理、拉通和整合，利用信息化阶段获得的数据及结构，对流程和业务进行赋能，使流程和业务更简单、更高效、更准确。在优化和拉通业务流程的同时，优化和拉通信息化的各个系统，形成统一的企业服务总线（Enterprise Service Bus，ESB）。要较好地完成这个任务，需要有两个必要的基础，一个是要有精益思想，另一个是要有超出部门界限的流程的视角。这两点跟 Allen 经常强调的前端 IPD，后端精益是一致的。第三个阶段智能化阶段则是要建立在海量数据基础之上，通过数学建模和算法，让系统能进行一些决策和判定。智能化阶段也是数字化阶段持续改善的一个延伸，导入什么样的智能化工具，何时导入也需要看是否能带来业务流程上的改善。

当前，我们处在数字化转型的初级阶段，这个阶段是最繁杂的，要建立各种规则、流程、标准，要收集和导入各种数据。至此，每个中心和部门都付出了巨大的努力。现在，还有不到两个月 ERP 系统就要上线了，在上线后的前几个月也会有大量的工作需要做，而且系统上线初期通常要比没用系统时还要更繁杂，因此需要大家共同克服困难。只有把基础打好了，才能有后期的数字化和智能化给我们工作带来的简单和方便。有人说："所有的简单都是从复杂开始的。"确实是这样。

通过标杆企业的学习，结合我们公司的现状，我们的数字化转型之路非常清晰，就是精益+数字化。转型的路，可能不会一帆风顺，可能还会碰到艰难险阻，但是相信有了总经办的正确领导，有了各中心的积极参与，我们公司的精益数字化之路一定会越走越好。

1　ERP：企业资源计划，英文全称为 Enterprise Resource Planning。
2　MES：制造执行系统，英文全称为 Manufacturing Execution System。
3　SCM：供应链管理，英文全称为 Supply Chain Management。
4　WMS：仓库管理系统，英文全称为 Warehouse Management System。
5　PLM：产品生命周期管理，英文全称为 Product Lifecycle Management。
6　CRM：客户关系管理，英文全称为 Customer Relationship Management。

厂长带项目

一天，公司高层管理会上，我问各位厂长："你们几位都有带精益项目吗？"几位厂长都面面相觑，都回答"没有"。于是，我补充道："奇思的厂长作为工厂最高领导、工厂运营管理负责人，如果不亲自带个精益项目是无法深度理解精益的，而且在管理决策上会有失误的，大家每个人都带个精益项目试试。"从此，各厂长都回去开展精益项目去了。起初，奇思的各位厂长都选择了最难突破的问题，还信誓旦旦地说"作为厂长要做就做最难搞的"。然而随着项目的开展发现问题层出不穷，一环扣一环，导致项目进展缓慢，效果也不明显，但作为工厂最高负责人又不能轻易放弃，否则给团队带来很大的负面影响。后面，大家几乎把所有可用资源都用上才勉强达成目标。

在项目总结会上，各位厂长都分享了自己的感受。一厂厂长 Ron 说："精益推行要循序渐进，否则会和我们这个项目一样，当同时遇到很多问题时容易失控。针对特别大的项目要分几个方面成立子项目，或者分阶段实施。精益项目要做到短平快，阶段性里程碑式的成果能激发团队信心，更有干劲。"五厂厂长 Vic 说："经过参与这个项目，我感触很深。一是，随着项目开展，以身作则地深入现场，挖掘问题的原因，我在管理决策上更加有效，对目标达成更加有信心，也对各部门长更有示范作用。二是，深切感受到精益工具能帮助我们识别问题、解决问题，方案设计 731 方法可以充分发挥团队智慧，帮我们取长补短地把方案做得更完美。三是，可以挖掘身边有潜力的员工，激发团队学习热情。"三厂厂长 Tony 说："我们运营管理的痛点都可以用精益的方法解决，我们对 OKR 目标达成更加有信心了。"

在厂长首次带项目的活动结束之后，带项目成为厂长的日常，尤其在一些刚走出"谋生存"阶段新成立的厂区中，员工之前还没来得及参与精益项目，在这一次厂长带头做项目后，生产、品质、生技、资材等部门经理也主动开始组建精益项目团队，其他员工也都纷纷加入到精益项目团队中了。

领导讲精益

除亲自带项目外，奇思的高层领导还积极参与精益的感悟分享。在"精益人才训练营"中的一个内容就是"领导讲精益"。

对于"领导讲精益"有人觉得就是高层围绕精益的主题，通过再发散来做一些分享，还不如直接系统地上一节精益课程，其实这种说法并不公允。针对知识类的课程，只要掌握了相关的知识，换哪个人都可以讲，但每个人的感触都不尽相同。高层领导从人力资源、供应链、制造、品质、技术各个系统走到当前这个段位，每个人的经验阅历都不大相同，而他们对精益的理解，更贴近各个系统现在还没走到高层段位的中基层的想法。"领导讲精益"就是为了让各个系统的中基层找到自身在精益变革中的定位，找到各自努力的方向。

我在"领导讲精益"环节分享了三"jian"思考，讲述自己从基层一步步走到总经理，自身的感悟是什么，其中做对了什么事。

三"jian"，分别是"见""建""肩"。"见"代表见过，见识。一方面，很多管理人员在外资企业或者行业领先企业工作过，见过的先进理念和模式都特别多，但还是要持续参加培训，参加学习，增加自身的底蕴。另一方面，还不具备这些见识的基层及管理人员，需要向这些具备领先思维的人学习，多去行业优秀企业或者跨界企业参观学习，不断接受新事物，掌握精益的知识和方法。

"建"代表建设，组建，建设成果。管理人员的"见识"要转为"能够建设"的能力，去不断完善公司的组织建设、人才建设、流程建设，要有成果证明。学习了精益的知识和方法后，要将其转化应用在公司内部的建设上，用业绩成果证明自己。

"肩"代表肩负，并肩。管理人员要明确自身肩负的使命、责任与目标，一方面是要给公司一份满意的答卷，提升公司的效益；另一方面需要给下属一份满意的答卷，公平对待每一位下属的输出。除此以外，"肩"还有另一层含义，就是并肩的伙伴。这里包含内部伙伴和外部伙伴，要积极带动周边的伙伴一起来参与精益，一起来改变，最终实现"成就伙伴"的企业文化愿景。

培养精益人才

精益人才是奇思精益三环模型中尤为重要的第一环，关于奇思在精益人才培养方面，在这里着重分享两个项目的案例——精益人才培养与文化推广项目和卓越班组长项目。通过这两个案例，我们可以了解到奇思在培养精益人才的过程中遇到了哪些问题，又是如何解决的，希望可以给中小企业带来一些启发，使之少走一些弯路。

精益人才培养与文化推广项目

在奇思一厂人力行政中心经理 Mars Zhao 接手精益人才培养与文化推广项目的时候，他显得有些束手无策。因为公司组织架构刚经历过一轮变革，东莞厂区划分为几个厂区，各厂区的人力资源部各自独立，并力求以最精简的组织架构来维持厂区日常的人力工作的开展，支撑厂区实现盈利的目的。其中，属于公共规划性职能的人才平台支撑部将原负责培训和企业文化的同事都划走了，并不属于他管辖，而且他对精益的认识也几乎是一片白纸。这让他感到有点茫然，不知从何做起。

负责主导各精益项目推行工作的精益部黄主管对他说："不要担心，做项目并不会受组织架构框架的影响，各部门你觉得用得上的人都可以吸纳进来帮助你，我也会全力支持你的工作，有什么不懂的都可以问我。不过首先，外部顾问专家付老师想要见见你。"

当时奇思聘请了迅驰智能作为顾问机构，协助奇思往奇思智造转型，负责这个项目指导的付老师约见了 Mars Zhao。他问了 Mars Zhao 一些基本情况，然后问道："Mars Zhao，你有想过自己未来要成长为什么样子吗？"Mars Zhao 有些愕然，他没想到做项目居然还需要历经一轮面试般的灵魂拷问，而在此之前，他感觉自己性格上的一些缺陷不足以支撑他继续往上走，虽然显得有些"胸无大志"，但他还是如实回答付老师："我感觉自己情商有点不太够，可能作为人力资源全盘经理已经是我的上限了。"付老师说道："不，你不应该给自己设限，人的潜力是无限大的，只要你想，你就可以做到。公司现在的发展非常迅速，组织的裂分也很快，尤其在这个转型的过程中，公司更需要懂精益的人力资源人才去帮助组织培养更多的人才，我相信未来你可以找到自己的定位。"

接下来，付老师给 Mars Zhao 讲述了精益人才培养与文化推广项目未来的几项主要工作："我们现在已经开展了两期项目，不少项目成员都已经掌握了一定的精益方法，但这并不够，他们还缺乏系统的培训，所以我们目前马上要组织一期'精益人才训练营'，以使他们更全面地掌握精益体系的相关知识，并获得精益改善师带级认证。目前，我们懂精益、能讲这类课程的讲师也很少，所以这些训练营的项目成员将作为种子，未来需要复制讲授学会的课程，成为认证的初级精益讲师。这样才能使更高段位的、能开发精益课程的讲师空出精力继续开发培养精益改善师绿带、黑带人才的精益课程……"

最终，项目定下来 3 项关键指标：①阅读分享精益书籍 3 本；②新培养精益改善师黄带 15 名、绿带 3 名、黑带 2 名，新培养精益讲师 10 名；③输出发行精益手册。根据这些关键指标，又再细分了 7 项行动目标，如表 3-1 所示。

表 3-1 再细分的 7 项行动目标

序号	项 目	完成时间
1	实施"读 3 本书"精益文化活动	3月—7月
2	实施"精益人才训练营"培训	4月—8月
3	实施"领导讲精益"企业文化宣传活动	4月—10月
4	实施内部精益讲师认证	8月
5	实施精益改善师带级认证	8月
6	精益领导力训练营培训	
7	完成精益手册定稿发行	9月—11月

"'领导讲精益'这一部分非常重要，我们想要将精益活动在公司内部开展得好，首先要获得公司高层领导的支持，他们参与得越多，则对精益的认知更深，我们能获得的资源就更多。好的，接下来你需要根据这些目标制作你的项目立项报告书，报告书需要论述你们项目的实施背景、主题、范围、目标、关键里程碑、项目团队情况。最关键的一点，需要有你们详细的项目计划书。去吧，去组建你的项目团队大干一场吧。"付老师吩咐道。

Mars Zhao 很快选定了项目成员：培训组织经验丰富的副组长陈工、负责企业文化工作的刘工及目前兼职一厂培训文化工作的潘工，同时邀请黄主管作为指导老师。副组长陈工在组织培训工作方面驾轻就熟，此前精益人才培养与文化宣传工作未以专项形式在做时，其就以副组长的形式参与过此前工作，对于"精益人才训练营"的早期工作也已有初步课程安排。

"我们这一期'精益人才训练营'将以前两期参与精益项目的项目成员为主，预计有 30~40 人，前面的项目已经结案，但因为未经过'精益人才训练营'培训，暂时还没有正式进行精益改善师带级认证。'读 3 本书'是延续此前项目组的学习活动。目前有些人已经在看《精益思想》了，每周这些项目成员都会在钉钉群里进行学习心得体会的分享，但分享的效果并不好。很多人因为忙，分享一段时间后便持续不了了，我们计划定期组织线下的读书分享会。"陈工为 Mars Zhao 介绍道。"或许，我们需要把分享的奖惩机制建立起来……"Mars Zhao暗暗想道。

经过一番策划和讨论，项目立项报告书很快成形。先以"精益人才训练营"作为主线进行开展，将"读3本书"和"领导讲精益"穿插进来，在课程结束后进行精益改善师带级的认证，同时启动精益讲师的培养及认证。在这段时间里，由顾问专家所授的"精益领导力"课程也被穿插进来，以增强精益讲师的底蕴。最后，再梳理这段时间积累的学习知识及体验，沉淀形成属于奇思自己的精益手册。每次培训或活动之后，文化宣传活动也贯穿进来，带动整个组织深化认识精益，形成学习氛围。这样，整个关于精益人才培养与文化推广项目开展的脉络就铺展开了。

"精益人才训练营"起初设定通过精益改善师带级的认证标准是出勤率占20%、理论培训考试占30%、项目实践占50%，80分及以上可通过认证。后来考虑到需约束项目成员减少缺课现象，则将出勤率作为硬性指标，即缺课3次就直接取消培训资格，将原来出勤率占用的20%权重则改为学习积分。项目成员担任班干、参加课程/活动、课堂回答问题、个人线上/线下读书分享均可获得学习积分，这一举措将有利于鼓励项目成员积极参与分享及参与课堂活动，以约束管理项目成员的日常行为。"精益人才训练营"积分标准，如表3-2所示。

表3-2 "精益人才训练营"积分标准

单位：分

序号	积分类型	细 项	积分
1	班委积分	担任班长	20
2		担任组长	15
3		担任学习委员、纪律委员、文娱委员等	10
4	作业积分	按时交作业的小组/项目成员	10
5		未按时交作业的小组/项目成员	-10
6		评选为优秀作业的小组/项目成员	15
7	其他积分	课堂回答问题，讲师判断是否得分	5
8		读书分享	5
9		请假	-5
10		旷课	-20

【积分说明】
1. 团队积分：以小组为单位，如以小组形式完成的项目则计团队积分，不计为小组成员的个人积分。
2. 个人积分：如以个人形式完成的项目则计为个人积分，个人积分计入团队积分。
3. 给予团队积分排名前3的相应奖励，最后一名的小组将根据积分情况决定是否能够结业。
4. 给予个人积分排名前5的相应奖励，个人积分低于前10名平均分的80%的人员，直接不予结业。

"精益人才训练营"的课程受限于讲师团队的不足，一共设置了 10 门课程，但整体设计还算饱满，既有内部讲师的授课增加项目成员精益理论知识的底蕴，也有外部企业的参观学习增加其见识，还安排了外出拓展，给予项目成员建立人际社交关系的平台及增加团队凝聚力。而且每周安排一次课程，这样不会让在工作当中兼顾着学习任务的项目成员负担太重，讲师也有足够的时间进行课程的完善。"读 3 本书"穿插在训练营的全过程当中，计划每月看一本书。除每周需要在钉钉群里分享一次的打卡任务外，每月还会做一次针对一本学习书籍的总结性的线下读书分享会。由于单纯的线下读书分享会略显单调，Mars Zhao 把它和"领导讲精益"结合在一起来做，让公司高层领导给项目成员分享做点评，这使项目成员注重分享质量，同时也使项目成员了解到从公司高层领导的角度，他们对于精益思想是如何理解和看待的，以强化项目成员的重视度。项目计划书如表 3-3 所示。

表 3-3 项目计划书

月 份	工 作 计 划	完 成 时 间	讲师/负责人	协助人员
3—8月	"精益人才训练营"学习积分统计	每周持续	潘工	精益人才组
	每周读书分享跟进	每周持续	精益部	
	精益读书优秀分享稿宣传	每月持续	刘工	
3月	组织第一次线下读书分享会——老项目成员分享	3月28日	精益人才组	精益老项目成员
	授书仪式	3月28日	精益人才组	精益部
4月	"精益人才训练营"开班仪式	4月14日	精益人才组	Allen 及各中心领导
	价值流	4月14日	黄主管	
	降本增效——视频课 1	4月21日	陈工/潘工	
	降本增效——视频课 2	4月28日	陈工/潘工	
	二期项目总结会	4月26日	精益部	精益人才组
	领导讲精益——Allen 分享	4月26日	Allen	Zili Chen
5月	项目管理	5月5日	白经理	
	拉式生产系统	5月12日	精益人才组	精益部
	"领导讲精益"——Ron	5月19日	Ron	Zili Chen
	组织第二次线下读书分享会——《精益思想》	5月19日	黄主管	
	优秀企业参观学习——***公司	5月20日、25日	精益人才组	
	单元生产线	5月26日	刘经理	
6月	组织第三次线下读书分享会——《现场改善：低成本管理方法的常识》	6月9日	精益人才组	精益部
	"领导讲精益"——Jason	6月9日	Jason	

第三章 精益人才

（续表）

月　份	工作计划	完成时间	讲师/负责人	协助人员
6月	厂内超市建设	6月16日	黄主管	
	PDCA 戴明循环法	6月23日	谭经理	
7月	团队凝聚力拓展活动	7月7日	精益人才组	精益部
	标准作业	7月14日	白经理	
	组织第四次线下读书分享会——《丰田模式：精益制造的14项管理原则》	7月21日	精益人才组	精益部
	"领导讲精益"——Zili Chen	7月21日	Zili Chen	
	考试试卷定稿	7月23日	精益人才组	外部顾问专家
	理论考试	7月28日	精益人才组	
	内部精益讲师培养及认证方案公布	7月29日	精益人才组	
8月	"精益人才训练营"项目成员主讲课题选定（讲师报名）	8月5日	精益人才组	
	组织第一次试讲训练	8月11日	精益人才组	
	组织第二次试讲训练	8月18日	精益人才组	
	组织第三次试讲训练	8月25日	精益人才组	
	组织评委进行讲师认证考核	8月30日	精益人才组	外部顾问专家
	"领导讲精益"——Wayne	8月30日	Wayne	Zili Chen
9月	讲师认证、带级认证结果公布及结果应用	9月1日	精益人才组	
	信息化课程1	9月8日	刘经理	
	信息化课程2	9月15日	刘经理	
	精益老师课程1	9月22日	精益辅导老师	
	精益老师课程2	9月29日	精益辅导老师	
10月	第二期"精益人才训练营"开班	10月13日	精益人才组	外部顾问专家
	"领导讲精益"——Captain	10月13日	Captain	Zili Chen
9-11月	《精益手册》大纲及撰写人确定	9月1日	精益人才组	外部顾问专家
	《精益手册》初稿回收	10月8日	精益人才组	
	《精益手册》复核及定稿发行	11月10日	精益人才组	外部顾问专家

在项目成员经历了一期"精益人才训练营"的培训之后，项目成员根据自己的兴趣，自主选题，进行试讲。当这批项目成员认证成为精益讲师之后，可以释放原来的精益讲师的精力，让其有足够的精力开发新的精益课程，丰富精益改善师绿带、黑带的认证课程体系。这样，精益讲师团队也壮大了。

当精益人才培养与文化推广项目结案的时候，新增精益改善师黄带13名，精益改善师绿带 9 名，精益改善师黑带 3 名，精益讲师 9 名。而且组长 Mars Zhao 和副组长陈工通过这一期的项目后，也都晋升为精益改善师绿带。新一期的精益人才培养与文化推广项目转交给了原来的副组长陈工，而组长 Mars Zhao 则投入到另一个新项目当中——卓越班组长项目。

卓越班组长项目

随着奇思大力推行精益变革，原来班组长粗犷式的管理已不足以支撑公司的发展需要，班组长发现问题和解决问题的能力不强，需要尽快提高。而且班组长的个人能力参差不齐，当一名优秀的班组长流失时，生产线的产能及品质就要陷入 3~6 个月的不稳定期。班组长的管理需要一套标准化的机制以保障班组长在任何情况下都能平稳输出。

在这个背景前提下，奇思成立了一个新的项目，以奇思各工厂的生产领班、主管作为项目成员主体，由外部顾问专家进行一对一面试，挑选相对有能力、有野心的潜力项目成员，以便于在未来项目中复制经验。最终，挑选了一厂组员 15 人、二厂组员 3 人、三厂组员 2 人、五厂组员 5 人，分为 5 个小组。奇思一厂生产经理刘经理作为项目组长，人力行政中心的 Mars Zhao 作为项目学习委员，各厂区生产主管作为项目副组长，推动卓越班组长项目的开展。

项目锁定了 3 项关键指标：5S 标准作业、班组长作业标准、检查系统标准。衡量项目结果输出有以下 3 项内容。

（1）建立现场管理作业标准。

（2）班组长胜任力评估标准输出。

（3）项目成员的管理水准达成：80%的成员达到一星水准水平及以上水平（其中有 50%的成员已达到二星水准水平），仅 20%的成员未达到一星水准水平。

在项目开班之际，外部顾问专家付老师就对项目成员讲道："大家记住墙上的'现场改善 作战十条军规'和'行为检验九宫格'（见图 3-1），这将是我们日后的班规和行为准则。"

但很快项目就遇到了第一个难题：出勤率低下。由于我们聘请的辅导公司是苏州的，顾问专家从苏州往返东莞均需要坐飞机，所以培训时间需要相对集中才划算。我们的培训课程安排是每两周一次课，每次课两到三天，而且晚上有课程及作业需要完成，整个培训项目周期是 3 个月。因项目成员都是一线的生产中基层管理者，每日需应对交付、质量、效率等一堆繁杂的工作事务，所以自培训第一天开始，就有两名项目成员请假，第二天愈演愈烈，有 5 名项目成员请假缺课，出勤率低下。

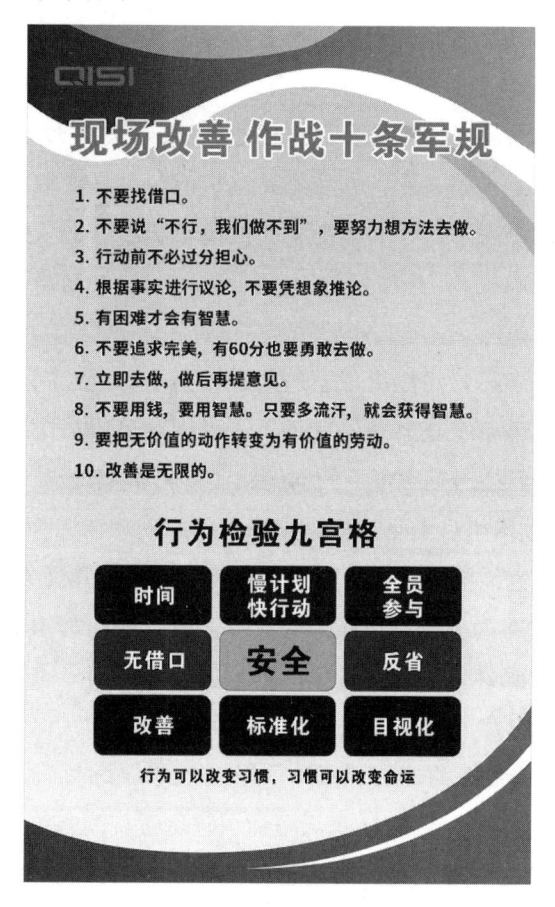

图 3-1 现场改善 作战十条军规和行为检验九宫格

针对出勤率低下这个问题，项目组长与顾问专家做了沟通，看是否可以调整培训形式。最后基于对成本的考虑，确定培训形式不变，但对缺课超过 3 天的项目成员按既定规则予以劝退。于是，当晚项目组长及各厂厂长在项目成员所在的沟通群里纷纷表态："项目成员无条件克服困难参加培训。"

付老师在第三天课程开始的时候做了分享："大家现在回过头来再看看墙上的十条军规，第一条不要找借口，第二条不要说'不行，我们做不到'，要努力想方法去做，现在是不是有很深的体会？生产任务忙，不是我们拒绝学习的理由，正是因为生产任务现在离了我们就不行，所以我们今天才需要坐到这里参加培训。我们需要反思一个问题'为什么你会这么忙？'因为你没有得力的左膀右臂。为什么你没有得力的左膀右臂？因为你不会培养人。为什么你不会培养人？因为你缺乏培养人的工具和方法。所以今天你更需要坐在这里参与学习，学习了工具和方法，你才不会让自己这么忙。另外，大家真的以为生产线离开我们就运转不了了吗？不，其实不是这样的。只是我们都已经习惯这样而已。当你觉得自己没有退路，必须把手头的事情交给其他人做的时候，你才会试着放权去培养人，去教会你的下属如何把工作做好不出错。有时候，他甚至能做得超出你想象的好，在于你有没有给予他这个机会罢了。"

经过这一次分享后，出勤率低下的问题得到了有效控制，在下一次课程开始的时候，也对部分手头在赶货的确抽不开身的项目成员进行劝退，重新补录了一批项目成员，后续出勤率低下的问题就没有再出现过。

同样地，"卓越班组长项目"也延续了"精益人才训练营"的一些做法和风格，如卓越班组长也需要学习阅读《现场改善：低成本管理方法的常识》，进行每周一次的分享。阅读《现场改善：低成本管理方法的常识》可以帮助项目成员将课堂上学到的碎片化知识系统化，理解为什么顾问专家会提出这样、那样的一些要求，开阔自身的眼界，知其然，亦知其所以然。

"卓越班组长项目"的培训课程比"精益人才训练营"的更强调"以训代培，以战代练，战训结合"，对于每天培训课堂上学到的方法，要求项目成员都运用到实战中。例如，第一天培训早会和看板，当天晚上就要求项目成员将各自生产线的看板和早会流程标准设计出来，第二天在课上进行演练后，第三天就要求项目成员开始按这套标准开展早会及更新看板。这种方式虽然从某种意义上说有点仓促，但这正应了"现场改善 作战十条军规"中的第六条不要追求完美，有60分也要勇敢去做。

针对各位项目成员所交的作业，顾问专家要求项目成员相互做点评，一是对照检查自己做得好不好，二是培养项目成员发现问题的能力，三是挖掘项目成员的创新亮点，寻找适合奇思自身生态的标准化规范。

在形成标准化的同时，顾问专家会要求项目成员立即按此执行，并且每天持续按这套标准进行日常工作的开展。随着培训的开展，需要项目成员每天执行的标准及要求越来越多，于是项目组遇到了第二个问题。因为"卓越班组长项目"要求每一个班组长都要具备相应能力，所以他们除了有一部分需要小组共同完成的作业，还有大量的个人作业需要每天完成。所以当第二轮集训结束的时候，项目群里的作业满天飞，学习委员已经跟进不过来了，而且也有部分项目成员存在偷懒行为，即没有人催促就没有自主发布作业完成情况。卓越班组长项目任务单如表3-4所示。

表3-4 卓越班组长项目任务单

序号	事项	责任人	计划完成时间
1	5个小组每日把示范区团队沟通板、5S检查表、早会视频、管理者标准作业发到钉钉群里，组长和学习委员每周不定期现场检查实际完成质量	刘经理	持续进行
2	学习委员汇总更新5个小组的展示（示范区团队沟通板、5S检查表、早会视频、管理者标准作业、高级领班检查表、小时板、安灯与快返帮助链等）完成情况，定期公布到群里	赵经理	持续进行
3	负责班组长早会和整合管理者标准作业，制定初版标准文件，制作早会会议记录	刘经理	4/9
4	每个小组组长不定期组织项目成员做大野耐一圈练习，30分钟找到30个问题，把结果公布到群内，汇总每个小组完成情况	刘经理	持续进行
5	每个小组按照标准更新团队沟通板模板、格式和内容，其中绩效趋势图需要展示目标和每日每组实际达成情况（实际达成情况用红色和绿色表示，红色为不达成，绿色为达成）	刘经理	4/14
6	改善十条和行为检验九宫格做成一页，项目成员贴到工作日记本首页上	刘经理	4/9
7	每位项目成员每周针对行为检验九宫格中的一项做分享总结并发到群里	刘经理	持续进行
8	每个小组分别建立学习与工作机制，保证每周有2~3次小组工作	刘经理	持续进行
9	每个小组组长每周做一次总结报告（工作计划、工作输出和改善点、下步计划），学习委员监督	刘经理	持续进行
10	标准流程表在早会前填写，根据早会流程表执行早会	刘经理	持续进行
11	每个小组安排早会观察员，确保每人每周一次的反馈，早会观察员需要把早会问题点发到群里	刘经理	持续进行
12	按每个小组示范区生产线5S工位标准，检查物品清单现场落实情况；5S检查按工位5S区域标准检查	刘经理	持续进行
13	每个小组示范线标准作业完善与落实：时间观察表（包含问题清单）、山积图（改善前和后）、标准作业表（布局图）、作业指导书（含作业序列时间）落实	刘经理	4/15
14	每个小组示范区小时板落实	刘经理	4/15

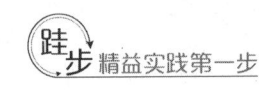

(续表)

序号	事项	责任人	计划完成时间
15	每个小组示范区高级领班检查表实施	刘经理	4/17
16	每个小组示范区安灯与快返帮助链落实	刘经理	4/17
17	汇总示范区每天的安灯与快返帮助链落实情况，并公布到群里	刘经理	持续进行
18	将示范区高级领班检查作业落实情况每日发到群里	刘经理	持续进行
19	生产主管每日检查示范区标准执行落地情况	刘经理	持续进行
20	生产经理每日抽查示范区标准落实情况	刘经理	持续进行
21	5个小组中的主管组织内部分享与研讨标准作业（针对诊断训练营项目成员）	刘经理	持续进行
22	每位项目成员在自己所在区域复制示范区所有活动	刘经理	5/7
23	所有项目成员选择一个改善课题	刘经理	5/5
24	每位项目成员将活动执行标准按照要求每天公布到群里	刘经理	持续进行
25	所有此次活动的表单逐步受控	欧主管	持续进行
26	生产主管每日检查示范区及负责区域标准执行落实情况	刘经理	持续进行
27	生产经理每日抽查示范区及负责区域标准执行落实情况	刘经理	持续进行
28	首件检查流程优化项目，建议建立跨部门团队解决	刘经理	5/31
29	所有项目成员完成改善课题	刘经理	6/10
30	每位项目成员在自己所在区域复制示范区所有活动并继续完善	刘经理	持续进行
31	生产主管每日检查示范区及负责区域标准执行落实情况	刘经理	持续进行
32	生产经理每日抽查示范区及负责区域标准落实执行情况	刘经理	持续进行
33	每位项目成员将活动执行标准按照要求每天公布到群里	刘经理	持续进行
34	每个小组分别建立学习与工作机制，保证每周有2~3次小组工作	刘经理	持续进行
35	企业价值观内部培训	刘经理	5/31
36	汇总示范区每天的安灯与快返帮助链落实情况，并公布到群里	刘经理	持续进行
37	完成《现场改善：低成本管理方法的常识》读书分享	刘经理	6/14
38	个人总结，个人提交主管审核，主管提交经理确认	刘经理	6/10
39	各组将改善项目成果提交精益部	刘经理	6/10
40	各工厂经理、主管每日检查示范区的执行效果	刘经理	持续进行
41	持续进行前期未完成的任务事项	刘经理	持续进行
42	人力资源增加班组长胜任力——班组level 1和2内容	赵经理	6/26
43	"首件时间缩短"项目立项，成立跨部门团队	黄主管/张经理	时间待定
44	各组将改善项目成果提交精益部	刘经理	6/26
45	各工厂经理、主管每日检查示范区执行效果，并逐步扩展到其他区域	刘经理	持续进行
46	6月30日总结会准备，个人总结及改善课题报告，个人提交主管审核，主管提交经理确认；刘经理准备项目总结报告；总结表彰筹备	刘经理	6/26
47	各区域现场发现问题并整改	刘经理	6/26

这时项目组也及时优化了作业跟进的方式，按第一组检查第二组项目成员、第二组检查第三组项目成员，以此类推的方式，每日进行其他组的作业完成情况汇报，而学习委员仅需检查跟进各组的检查进度及抽查各组检查情况是否属实。这样一方面减轻学习委员工作量，保障项目成员学习作业完成质量有跟踪、有检查；另一方面也旨在观察班组长自主完成工作任务的能力，哪些人在这里面表现得更出色一些。

"卓越班组长项目"还格外地强调复制性。一开始的一些项目工作任务会偏向小组群策群力，如打造一条标杆样板线，将课堂上学到的知识通过小组合作的方式在这条样板线上实践演练，磨合后寻找属于自己的一套标准。在不断优化并确定了最终版的标准后，就会要求全组项目成员在自己原来的生产线上进行复制和实践。通过这样的方式，随着"卓越班组长项目"接近尾声，这些标准已经被制度化了，而且通过长达 3 个月的每日实战演练，这些标准也成为班组长深入骨子里的印记。在项目培训结束后，要求这些班组长将这些标准复制到各自厂区，指导其他没有参加培训的班组长也按这一套标准工作。"卓越班组长项目"的标准化成果如表 3-5 所示。

表 3-5 "卓越班组长项目"的标准化成果

序号	文件类别	标准文件	完成状态	备注
1	流程文件	《生产领班标准作业流程》	完成	
2	流程文件	《班组长星级认证制度》	完成	
3	管理表格	《初中级领班检查表》	完成	
4	管理表格	《高级领班检查表》	完成	
5	管理表格	《小时管理看板》	完成	
6	管理表格	《技能矩阵》	完成	
7	管理表格	《多能工培训计划表》	完成	
8	管理表格	《大野耐一圈问题点收集表》	完成	
9	管理表格	《岗位时间评估表》	完成	
10	管理表格	《安全十字》	完成	
11	管理表格	《物品清单》	完成	
12	管理表格	《岗位标准 5S 摆放标准格式》	完成	

值得一提的是"卓越班组长项目"在"精益人才训练营"的基础上进一步升级，"精益人才训练营"由于时间跨度周期较长，没有将项目成员产生的提案、

项目收益进行量化。"卓越班组长项目"在培训过程中就要求班组长进行改善提案并执行,在项目结案评估的时候就已经产生了经济效益,让老板能直观地看到投入做这个培训到底值不值得。卓越班组长改善提案效益成果如表3-6所示。

表3-6 卓越班组长改善提案效益成果

序 号	工 厂	部 门	提案名称	经济效益（元）
1	奇思一厂	生产部	GB0136 效率提升改善案	471744
2	奇思一厂	生产部	GM0006 电池盒组装段效率提升	60444
3	奇思一厂	生产部	GM0018 电池盒组装段效率提升	69216
4	奇思一厂	生产部	GM0025 减少标准人力改善方案	92256
5	奇思一厂	生产部	GN0043 导入精益工艺改善	32342
6	奇思一厂	生产部	GB0173 效率提升13%提案改善	87884
7	奇思一厂	生产部	7线烟杆过立式糖果袋机流程优化	48960
8	奇思一厂	生产部	自动贴标设备操作员缩减项目提案	224640
9	奇思一厂	品质部	自封袋吊绳和密封圈改善	38880
10	奇思一厂	生产部	GA0346 雾化器组装段效率提升提案改善	32148
11	奇思一厂	资材部	优化仓库拣配作业改善提案	188040
12	奇思一厂	生产部	XD0001 组装段效率提升	361260
13	奇思一厂	生产部	XD0001 小烟包装段效率提升	334368
14	奇思三厂	生产部	BD0018 一次性烟组装精益线改善	855360
15	奇思三厂	生产部	焊锡工培训提案	100187.01
16	奇思五厂	生产部	CD-016 小烟组装段效率提升	162324
17	奇思五厂	生产部	QD0021 焊锡效率提升改善项目	50544
收益合计：3210597.01				

"卓越班组长项目"开班之初就有明确一星、二星班组长的能力要求,并在学习委员的内化下,形成《班组长星级认证制度》。最终劝退调整过后的项目成员有23人,经顾问专家评估后,其中17人达到一星水准及以上水准,占总人数的74%;这17人中的10人达到二星水准,占总人数的43%。班组长能力素质分级如表3-7所示。

表 3-7 班组长能力素质分级

星 级	能力素质	能力素质说明
一星班组长	日常职责	• 能在日常工作中运用 PDCA 持续优化工作流程； • 能按《管理标准作业》要求履行常规职责，维护好现场目视化管理，并做好日常检查
	5S 铜牌认证	• 能维护好工作现场的 5S 的前 2S（整理、整顿），有效改善工作现场环境
	浪费识别	• 能识别工作现场的七大浪费，进行课题立项改善
	团队沟通板与早会	• 能运用团队沟通板与早会，有效传达工厂决议及进行绩效改善沟通； • 能运用小时板，对现场进度进行控制与快速反应
二星班组长	检查系统	• 能建立属于拉线的标准检查系统，如纸卡检查表等
	标准作业	• 能运用时间观察表、山积图等工具，自主建立及优化拉线的换线标准、目视化标准、员工作业序列等作业标准
	安灯快速反应	• 能利用安灯系统进行目视化管理，建立并维护好拉线帮助链快反系统
	日常改善方法	• 能熟练运用标准作业、七大浪费、TT 节拍、物品清单、小时板、山积图、5S、改善案例、OPL 等改善工具

通过以上的两个项目案例，可以发现，奇思已经形成一个属于自己的"学习—分享—实践—复制"的模式，如图 3-2 所示。

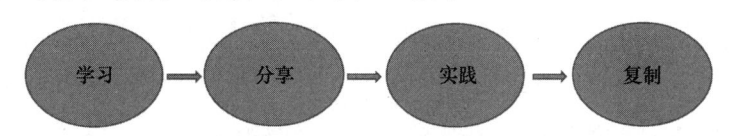

图 3-2 "学习—分享—实践—复制"的模式

因为通过学习，可以认识到自己的无知与短视，让内心更加认可和坚定；

因为通过分享，可以让其他人知道有那么一帮人在持续干着精益，吸引其加入；

因为通过实践，可以持续享受精益的成果和好处，并不断创新地攻坚其他空白领域；

因为通过复制，可以让能落地的精益理念和方法不断地传承，带动更多人加入进来。

这个模式让奇思的精益人才源源不断地被培养出来，并通过完成不同类型的精益项目习得更多的知识和技能，也让奇思持续完善自身机制，朝着"智能制造"的路也走得越发稳健。

选拔精益骨干

很多企业在任用管理人员的时候，都是抱着"试一试"的心态从内部提拔或者在外部招聘的，结果需要大量的时间磨合，才能物色一位合适的候选人。甚至有时候，只能算是"勉强凑合"地用着或者直接选用不合适的人。这是因为企业没有搞清楚自己要的人是什么样的人，如何来衡量候选人是不是自己想要的。只有从企业战略发展出发，清晰知道自己将要往何处去，才能分析清楚自己现有的团队能不能支撑企业的发展，需不需要进行外聘补强或人才培养。

重新定义人才

奇思将自己定位成"智能制造"工厂，现在一群"看似做得很好"的管理人员如果还是按部就班地按往常的做法工作，不学习精益思想，不参与精益项目，是不足以支撑公司发展的，最终成为"智能制造"工厂只会是个笑话。

于是，奇思对自己未来需要的人才进行了重新定义。对照奇思精益改善师带级认证金字塔模型，奇思基于精益项目的开展，将精益人才分为三类人：项目参与者、项目主导者和项目指导者。项目参与者对应的是精益改善师黄带，项目主导者对应的是精益改善师绿带，项目指导者对应的是精益改善师黑带和精益辅导老师。

在精益的初级发展阶段，企业关注的是自身内部精益化程度。未来，企业也需要走出去，到供应商端、客户端去打通供应链的上下游并使他们进行精益改善，这样才能进一步降低成本。这都需要大量的精益改善师黄带、绿带、黑带及辅导老师去主导、参与项目。所以奇思将自己需要的管理人才定位为：除满足基本的专业技能要求外，还要求要懂精益，能应用精益思想不断地优化自己的工作。

调整人才结构

为什么有的企业做精益做不好？其实和企业选拔人才机制释放的信号有关。如果不管你是懂精益或不懂精益，都可以被招聘进来，或者可以被选拔为管理干部，那么对于员工而言，懂不懂精益，是否参与精益项目没什么两样，那他为什么要去做好精益呢？

首先，奇思调整人才结构的第一步就是控制外招。凡是要去外部招的与精益强相关的岗位人员，就强制要求具备精益思维。在结构化面试的设计当中，必须加入考察这方面能力的面试题目。这样才能精准找到所需要的精益人才。

我在招聘奇思某分厂负责人的时候，曾经面试过 20 多位候选人。对于经过了专业的招聘经理、HRD、总经理助理层层筛选之后的那些厂长候选人，虽然他们在履历背景、价值观理念、逻辑观念、大局观及个人谈吐等方面均是不俗，但最终我只看中了两位厂长候选人。原因就在于只有这两位厂长候选人能现场手绘精益屋、价值流图，懂 3P 设计、精益物流等相关精益知识。

其次，控制内部晋升。对精益要求不太高的职能部门如强制要求具备精益思维，那从外招聘则招不到这样的人才。于是，在前端招聘时针对这些部门并没有提具备精益思维这个要求，候选人只要满足专业能力要求就可以被录用。但在晋升主管级及以上级别人员时，则要求待晋升者须满足精益改善师带级要求，如晋升主管要是精益改善师绿带，晋升经理要是精益改善师黑带。当然，在精益改善师带级认证的制度一出来时就卡死这样的要求也不现实，于是给了 1~2 年的过渡期。在精益改善师带级认证推广未全面覆盖时，要求精益智造研究院参与待晋升者的述职答辩会，考察待晋升者对精益的认知度。

奇思某个厂区的生产主管，独自一人管理 1000 人左右的生产员工一年多，生产高峰期时甚至有 1600 多人。其间虽招了好几名生产主管，但都是做不到一个月就走了。在这种高压环境下，这个厂区的生产主管在订单交付、质量控制及效率提升方面仍有不俗的表现，该厂厂长打算让其晋升成生产经理。

当时精益改善师带级认证还未全面覆盖，在经过长达 6 个月的观察期后，奇思组织了针对该生产主管的述职答辩会，当时参与答辩会的各中心代表感念其功劳，虽然其在回答部分问题略有瑕疵，但均给予可以通过晋升的分数。

但这时，我问了一个问题："你觉得你刚刚汇报的这些业绩数据在各厂区的生产部门之间，你的表现在什么样的水平？"这个问题让该生产主管有点猝不及防，稍微停顿了一会后回答道："应该属于中上水平吧？"我紧接着又问了一个问题："那你觉得这个成绩在行业内，又是什么样的水平？"这让该生产主管更加不知所措,沉默许久后回答道:"行业的数据抓取不到,不清楚在什么水平。"我又再问:"是抓取不到数据,还是根本就没有去找过?"这回其只好说:"没有去找过。"

我说道:"刚刚听了你的述职报告,其实整体都还是不错的。在一个初创的工厂,我能想象得出来你独自一人扛住这么大一摊子很不容易,但是从刚刚的问题答案中,反映出你缺乏精益的思维,没有不断对标公司内部的顶尖水准、外部行业的领先标准,然后自我挑战地达到这种水准。如果你没有精益思维,那么你的能力上限也仅能维持这种局面,没办法把部门带领到更高的层面。"最终,这名生产主管没有通过答辩和晋升经理,公司重新给了 6 个月的观察期让其学习和成长。

最后,奇思奉行"能者上,平者、庸者下"的用人观念。在推行精益变革的过程中,跟不上公司发展节奏的管理者,会给予机会让其学习和成长,但如果实在存在不愿学、成长慢的情况,也不会放任其继续占在关键的位置,阻碍精益变革的推行。而且在推行精益项目中,表现积极、贡献斐然的工程师,在有晋升空间的时候,也会优先给予晋升。

原来奇思一厂的生产经理 B 某,从很早的时候就加入公司,可以说是和之前公司一起从一两百人的小厂成长起来的。其在行业的资历也很深,熟悉产品工艺,工作表现上也是兢兢业业,曾经连续两个年度获得公司最高奖项"极客之星"。但在公司推行精益变革的时候,效率提升和直接、间接比要有更大的突破,其表现很不适应。在给予他成长机会但其仍没有太大调整和转变后,公司还是选择将其调为副职,重新招聘新的生产经理。

激励精益团队

如何防止出现辛辛苦苦培养出来的精益人才惨遭猎挖?有人说:"还不就是给钱吗?这有什么难的?有价值的人才我愿意高薪挽留。"诚然,调薪会让人有安定感,但固定薪酬一旦增加,人工成本就会持续下不来,而且维持一段时间后激励的效果就会递减,届时投入产出比就会下降。

那给项目奖金行不行?创造了多少收益,按一定比例给予激励,这似乎也很合理。但这种做法产生的后果是，会流失一些基层人员和一些根据职能没分配到项目的人。而且当推行精益项目变成日常事项时，还愿不愿意给项目激励呢？最理想的解决办法还是要针对不同时期、不同人群，采取不同的激励模式。

不同时期的激励模式

在精益变革推行的早期，需要许以重金进行激励，打破常规的做法。当人员的积极性已经被调动起来，各个项目也全面展开了，同时员工也通过项目收益看到"做精益并不会让自己增加工作量"之后，员工就像打开一个新奇的玩具一样，自己会主动去做，而且精益人才也不再是"稀缺品种"，那时激励的额度就可以适当减少。

奇思在一开始推行精益项目时，也可谓是"千金买骨"。此前公司也有运行改善提案奖，但由于收益核算都是由提案人自行预估的，科学性及准确性有待评估，公司也因此不敢给高额的奖金。以至改善提案的奖金普遍都是几十元或一百元，提案人也缺乏将提案落地的动力。

在奇思决心导入精益项目的时候，为打破这种惯性思维，重新出台了《精益人才培养&改善项目管理办法》，将提案和项目区分开，同时模仿丰田的"大部屋"，成立了精益作战室，作为项目交流推动的场所。

项目周期分为3+1月（120天），其中改善期为80天，考核期为10天，观察期为30天。当效率提升30%时，视为项目成功，其中累计改善收益的15%由组长内部分配（组长激励占20%~30%，其余组员合计占70%~80%），5%作为精益推进办的改善基金；当效率提升超过50%时，则项目实施周期内累计的改善收益的22.5%由组长内部分配，7.5%作为精益推进办的改善基金。

最终，项目1组和项目2组合并完成了4条单元Cell线，原流水线UPPH为4.27，10月精益线已提升到7.26，提升幅度为70%。8~10月整体UPPH达到6.66，改善期间平均效率提升56%，项目直接工时收益224381元，年收益约为120万元，奖励67315元。项目3组针对包装L11线进行改善，导入单元Cell线，原流水线UPPH实际的单品/套装为24.8pcs，而10月精益线已提升到48.13pcs，提升幅度为94%。7~10月整体UPPH达到38.47pcs，改善期间平均效率提升55%。直接工时收益173763元，年收益约为70万元，奖励52129元。

到二期项目时，奇思调整《精益人才培养&改善项目管理办法》，将项目收益奖金调整为根据项目评级奖励1~6万元；到三期项目时又再次调整为优秀项目1000元，达标项目500元。但这时，精益变革已深入人心，在各个工厂均已导入。

不同人群的激励模式

马斯洛将人的需求分为5个层次：生理需求、安全需求、归属需求、尊重需求、自我实现，如图3-3所示。按我国现在的发展现状，大部分人已经解决温饱问题，社会福利保障相对健全，对于生理需求、安全需求已基本满足，对于归属需求、尊重需求和自我实现的追求日趋增强。

在企业提供同等待遇的情况下，一线基层员工在择业的时候会倾向考虑有没有老乡、朋友，工作氛围是否融洽，领导的管理风格是否尊重员工等因素；管理级则还会考虑有没有上升空间。工资、奖金待遇虽然仍是影响员工流失的重要因素，但已经不那么绝对了。

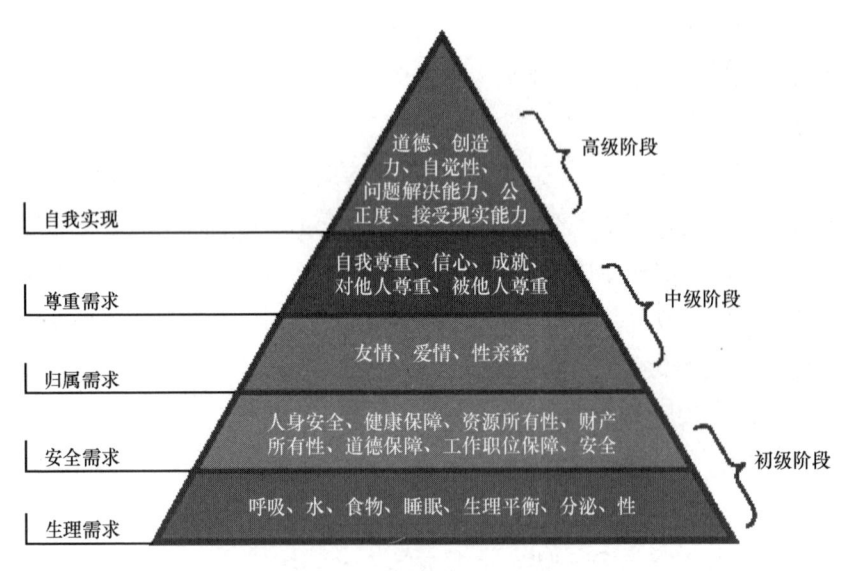

图3-3 马斯洛需求层次理论

所以，在给予精益人才的激励方面，同样需要注重针对不同人群进行多样化的激励模式。

奇思针对不同人群设置了各种类型的激励方式，参与精益项目的项目成员有项目奖金，没有参与精益项目的员工也可以通过提出改善提案获取提案奖金，认证了精益改善师带级的有精益带级津贴，精益讲师有课酬费及教材费，连一线员工也有产能达标奖。而且每年的年终奖、调薪等资源都向参与精益项目的人群倾斜。

奇思重视对员工晋升通道的搭建，一线作业员可以通过从事特殊工序，学习成长为多能工，并可逐级晋升，享受更高级的岗位待遇。而对于参与精益项目且表现优异的员工、领班，在有岗位空缺的时候，也会优先考虑给予晋升机会。奇思生产作业员晋升通道如图3-4所示。

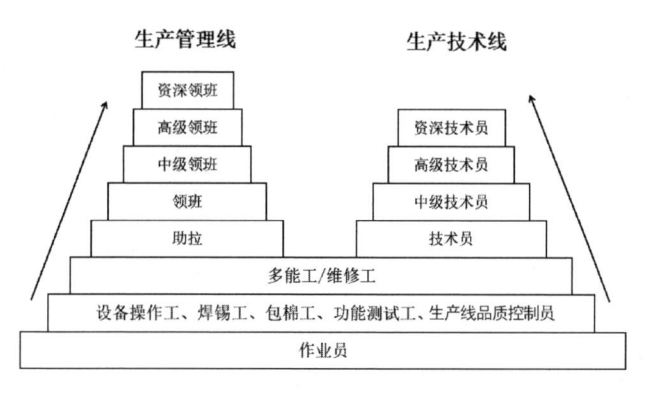

图 3-4 奇思生产作业员晋升通道

注重仪式和宣传

精益变革推行的早期，由于参与精益的人群少，我们在发放奖金和礼品的时候，还要强调仪式感，留下每一个印记，对每次精益活动进行大力宣传。一方面在于满足员工的被尊重、被重视的心理需求；另一方面也便于留下相关的宣传资料，去激发其他更多的人参与进来。

有些企业在发放一些奖金的时候，总是想省一些事，走个流程审批完就给员工了。奇思在发放产能达标奖时，则会采用现场颁发的方式，由厂长亲自将内含奖金券的红包发放到每一位员工手里（奖金随着工资发放到工资卡里），并在现场表扬他们的优秀表现。在生产车间里，其他没有推行精益线的员工看着别人轻轻松松就达标了，还有丰厚的奖金拿，并且还是由厂长亲自颁发的，内心的冲击会特别大，也会涌现一股想要加入精益线的欲望，为后续全面推广精益线做好铺垫。

奇思还想方设法让激励方式变得更有意思。员工在参与项目、改善提案、精益培训、精益读书分享、精益技能大赛等活动时将会按标准累积精益积分，这些积分可以用于兑换礼品。每季度精益推动办会调查了解员工渴望得到的礼品是什么，并通过这些非正式沟通进行精益活动预热，激发员工多参与精益活动，多拿精益积分，存够自己想要兑换的礼品的积分。

通向罗马的道路有千千万万条，只要激励能暖到员工的心里去，或者能调动员工积极性，就是最合适的激励，无须拘泥于内容和形式。因地制宜制定符合企业民情的激励，才是最有效的。

第四章
精益业绩

小试牛刀

点燃精益的星星之火

我刚来公司，在第一次巡视时发现生产现场全是流水线；现场不仅物料多、工序杂、流程长，而且效率低，于是与一起巡厂的厂长有了如下的对话。

我：你觉得目前的生产效率还有多大的提升空间？

厂长：10%。

我：可以大胆一点？

厂长：最多20%。

我：还可以再大胆一点？

厂长：我觉得30%是极限了。

我：好，那你就按提升30%的目标去做改进，尽量尝试挑战50%的提升，3个月后我们一起来看效果。

尽管此时制造团队仍然持有怀疑态度，但是任务已经接了只能硬着头皮上了。对此，总经办领导指出，制造团队要积极地参与到精益变革中去，要打开思维。当下公司已经引进了新的方法和理念，因此50%的挑战目标也不是很难实现的，大家要有信心。就这样，奇思拉开了精益转型变革的序幕。

为了更好地推行精益项目，公司对精益组织进行了调整，把原来精益生产部更名为精益部，并与原来的信息部、自动化部一同纳入精益智造研究院。组织架构的疏通、专业人才的加入给公司带来了新的活力，为精益改善注入了新的动力。而迅驰智能的加入，也使公司员工通过顾问专家的辅导系统地学习了精益方法论，并在实战中学会了精益工具的运用，也播下了奇思精益的种子。后面一系列的改善效果，也证实了奇思精益转型走的路是对的。

到试验田

改善项目想要成功，选题是最重要的一步。首先项目组运用柏拉图进行 PQ（产品数量）分析（见图 4-1），帮助制造团队在面对多类别、多机种的复杂情况时能够快速抓住重点，以便聚焦资源，确保项目成功，以及取得更大的经济效益。

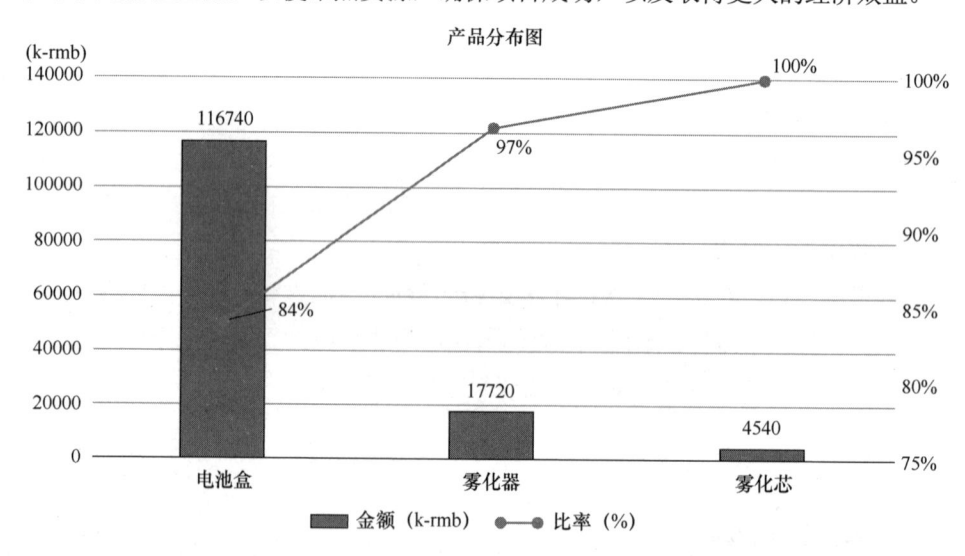

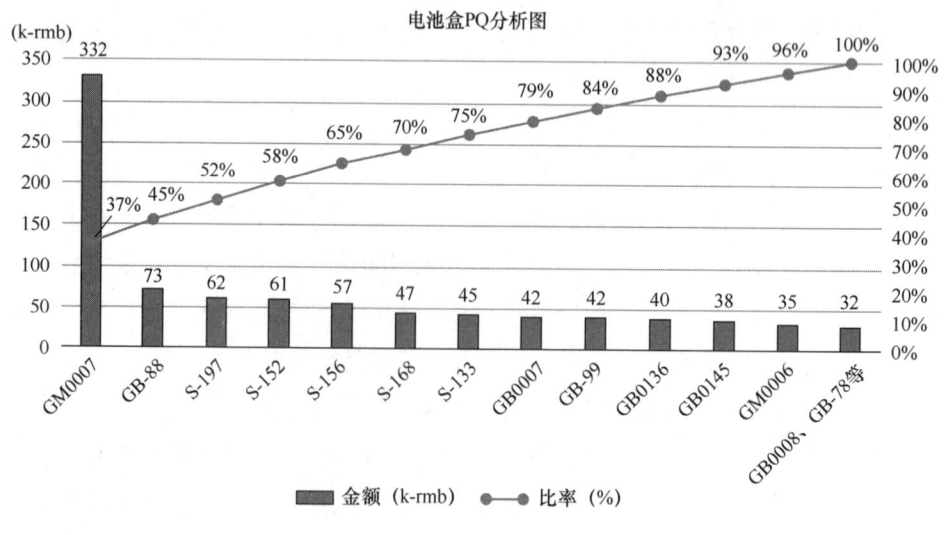

图 4-1 PQ（产品数量）分析

通过产品分布可以看出,电池盒的产值占公司整个产值的83%,在产品种类中排第一位;进一步通过PQ分析可以看出,GM0007的生产量在电池盒系列中占比37%,在产品型号中排第一位。综合分析,改善项目团队最终选择了产值最高的产品GM0007作为改善项目的产品,以下称为GM0007项目。

问题在哪里

在GM0007项目开始的初期,迅驰智能的顾问专家还没有正式入场,改善项目的项目成员都跃跃欲试,大多数项目成员认为不就是让自己每天在现场找问题吗,那还不简单?但是当大家去到现场,按一个站别、一个工序、一个流程去看,把有改善机会的地方都全部记录下来,并坚持了几天时,并没有找到实质性的问题,一时团队陷入了迷茫。此时,迅驰智能的顾问专家"姗姗来迟"。当顾问专家带着团队运用精益工具,抽丝剥茧,梳理现状数据后,大家终于找出了问题所在。于是,才恍然大悟,原来顾问专家是想让大家先尝试用自己的方法找问题和做改善,再与使用专业工具后的结果做对比分析,这样才能理解运用专业的精益工具的重要性。

在顾问专家的指导下,大家通过工时测量、山积图和鱼骨图分析(见图4-2),发现前加工15个工序、组装段28个工序,全流程(前加工+组装段)中共计61人,人员密集、工序流程太长,这势必在生产中造成等待问题。同时一旦发生品质问题,就要从后端反馈到前端,而且问题反馈的速度非常慢,对此传统的解决问题的做法是将不良信息传递到生产工位,生产人员将不良品通过线外维修,使之重新进入生产流水线。这样不但导致工序太长,而且会因信息传递的不准确性,导致最终的结果就是改善效果并不理想。这也是传统企业采用流水线时普遍存在的问题,很多管理者对此非常头痛。然而很多从来没有实施过精益改善的企业,或许还沉浸在流水线、批量生产的美梦中。奇思在两年前,均是采用流水线形式进行生产的,而很多下游供应商更是把建立流水线看作引以为豪的事情。

每个人都是方案的设计师

改善项目刚开始时,项目团队正在嘀咕着,方案设计交给谁做比较好?此时,张工自告奋勇地说:"方案设计我来吧,工艺设计是我的专业。"团队一致赞同,专业的事情交给专业的人做。就在这时,顾问专家出现了,并将团队分

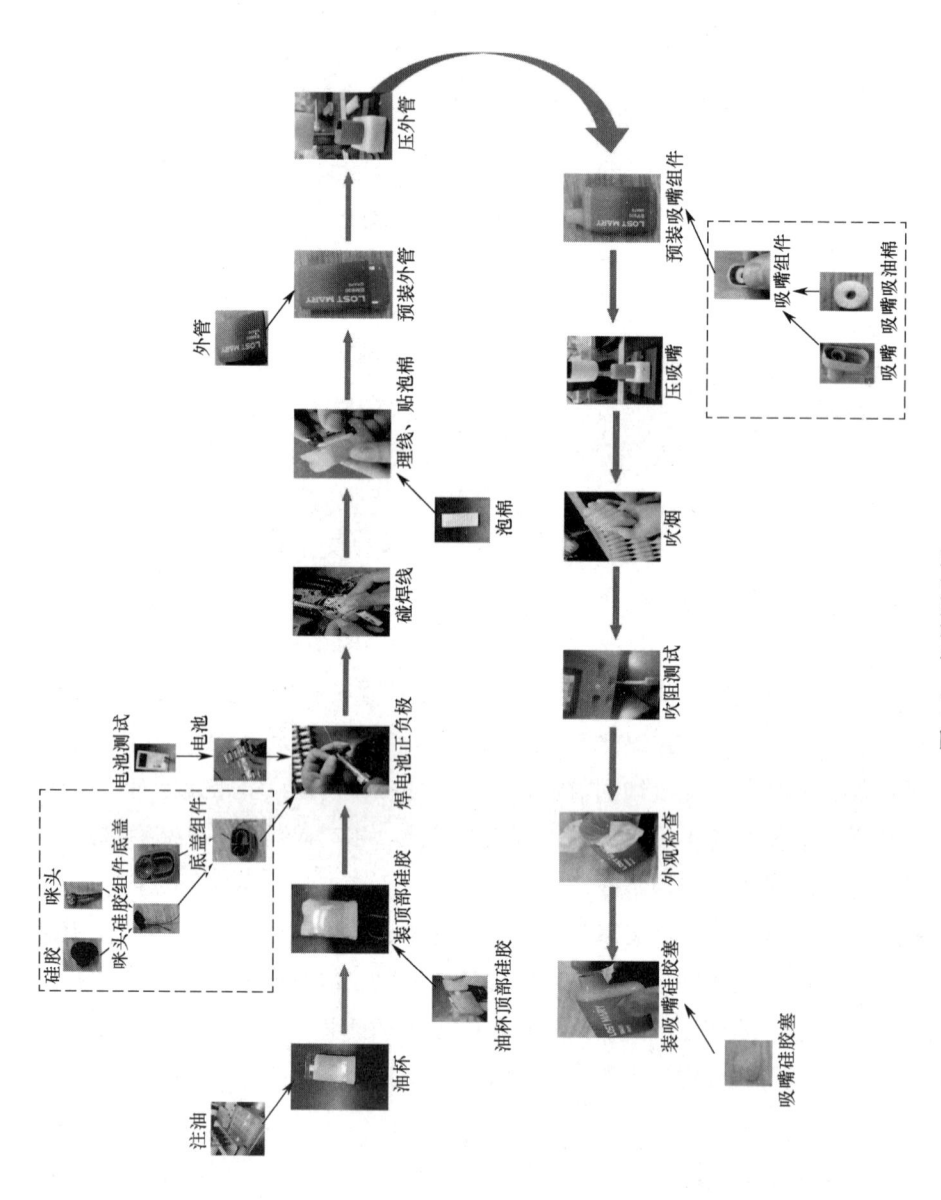

图 4-2 鱼骨图分析

成了 7 个小组，要求每个小组输出一个方案，顿时团队感觉很诧异，为什么要做 7 个方案，做一个不就好了？顾问专家说："你们可以先试试看。"接下来，每个小组都通过头脑风暴开始进行 7 种方案的设计了（见图 4-3）。

工位号	工位名称	人力搭配	工位号	工位名称	人力搭配
1	输出正极套O型圈	1	19	半成品测试1	1
2	焊红线电极片	1	20	主体组件点胶	1
3	焊红线电极片	1	21	装镜片支架	1
4	焊蓝线输出正极	1	22	锁镜片支架螺丝1	1
5	主体贴正负标识贴片	1	23	装点火键&加减键&镜片	1
6	主体支架压电极	1	24	电池盖固定座锁螺丝	1
7	PCBA装主体&穿平衡针线1	1	25	装电池盖组件&转轴1	1
8	锁PCBA板螺丝1	1	26	充电线（红线）打胶	1
9	焊510连接头1	1	27	装内装饰	1
10	绝缘环套O型圈	1	28	锁内装饰件1	1
11	输出正极装绝缘环&正极弹簧	1	29	装顶盖硅胶&顶盖	1
12	理线1	1	30	锁顶盖螺丝1	1
13	顶盖支架装配电极片弹簧	1	31	推钮装装氟龙片	1
14	锁顶盖支架螺丝1	1	32	装霍尔开关	1
15	装防水钉	1	33	贴皮&装外装饰件	1
16	焊接弹针	1	34	锁外装饰件1	1
17	磁铁装入磁铁支架	1	35	成品测试1	1
18	装霍尔开关	1	36	恢复、检查版本1、检查外观	1
				合计	36

优点：
1.优化岗位；
2.实现单件流；
3.减少人员。现状44人，改善后36人。

工位号	工位名称	人力搭配	工位号	工位名称	人力搭配
1	输出正极套O型圈	1	17	装镜片支架	1
2	焊红线电极片	1	18	锁镜片支架螺丝1	1
3	焊红线电极片	1	19	装点火键&加减键&镜片1	1
4	焊蓝线输出正极	1	20	电池盖固定座锁螺丝	1
5	主体贴正负标识贴片	1	21	装电池盖组件&转轴1	1
6	主体支架压电极	1	22	充电线（红线）打胶	1
7	PCBA装主体&穿平衡针线1	1	23	装内装饰	1
8	锁PCBA板螺丝1	1	24	锁内装饰件1	1
9	焊510连接头1	1	25	装顶盖硅胶&顶盖	1
10	输出正极装绝缘环&正极弹簧	1	26	锁顶盖螺丝1	1
11	理线1	1	27	贴皮&装外装饰件	1
12	锁顶盖支架螺丝1	1	28	锁外装饰件1	1
13	焊接弹针	1	29	装霍尔开关	1
14	装霍尔开关	1	30	成品测试1	1
15	半成品测试1	1	31	恢复、检查版本1、检查外观	1
16	主体组件点胶	1		合计	32

优点：
1.工位合并；
2.减少拿取；
3.减少人力。现状44人，改善后32人。

图 4-3　其中两组的方案设计

经过努力，不一会儿，每个小组的方案都出来了，大家都满怀信心，觉得自己的方案就是最优的。紧接着，7个小组需要按照精益方案评估表中的10个维度的综合评估，评选出最优方案。精益方案评估表如表4-1所示。

表4-1　精益方案评估表

序号	评估维度（5分/项）	方案一	方案二	方案三	方案四	方案五	方案六	方案七
1	在制品最少							
2	实际工时最靠近节拍工时							
3	制造周期最短							
4	线平衡率							
5	额外的投资							
6	方便设备维修							
7	面积 m^2 最小							
8	人员数量最少							
9	柔性大（适应范围较广）							
10	物流总距离最短							
	合计得分							

之后，7个小组共同对最优方案中的10个维度进行评分，最后结果是未优化前的10个维度的综合评分是18分；优化后的"维持前加工和后端组装，前后段分段优化，重新设计线体"的最优方案中的10个维度的综合评分是36分，分值较未优化前的提升了一倍。对此，可以看出通过评分对比，对于奇思团队来说，分段优化已经是一个很大的突破了，整个团队备受鼓舞。

而对于迅驰智能的顾问专家来说，改善目标显然远不止于此。目前的方案都还不是最优的，还需要进一步优化，顾问专家继续引导团队："不拘泥于前后段的固有思维，是否可以取消前加工呢？"一时间项目成员七嘴八舌，提出各种不可能取消的理由和困难。此时顾问专家还是继续引导团队："可以试试看。"顾问专家的鼓励与引导给团队打开了一扇窗。对，试试看，大家紧绷的神经都放松了下来，思维转变了，思路也开阔了。于是，团队张工和李工依据顾问专家的引导，大胆地重组方案，将前加工和组装段合并，设计了打破重组（合并）方案（见图4-4）。

工位②：
贴背胶&装双极片
装电池盖滑扣&拉管
锁电池盖滑扣十字螺丝
锁电池盖滑扣梅花螺丝
锁电池盖密封包胶组件*1

工位③：
装防水钉
焊接弹针
半成品测试1
主体组件点胶
装镜片支架
锁镜片支架螺丝1
装点火键&加减键&镜片1
电池盖固定座锁螺丝

工位⑤：
装电池盖组件&转轴1
充电线(红线)打胶
装内装饰
磁铁装入磁铁支架
装霍尔开关
锁内装饰件1
装顶盖硅胶

工位②：
输出正极套O型圈
绝缘环套O型圈
输出正极装绝缘环&正极弹簧
理线1
顶盖支架装配电极片弹簧
锁顶盖支架螺丝1

工位⑥：
顶盖+锁顶盖螺221
锁件堆钮装铁氟龙片
装霍尔开关
贴皮&装外装饰件
锁外装饰件1
成品测试1

工位⑦：
主体贴正负标识贴片
主体支架压电极
PCBA装主体&穿平衡针线1
锁PCBA板螺丝1
焊510连接头1

工位⑦：
恢复、检查版本1
检查外观
清洁、全检
焊红线电极片
焊红线电极片
输出正极套O型圈
焊蓝线输出正极

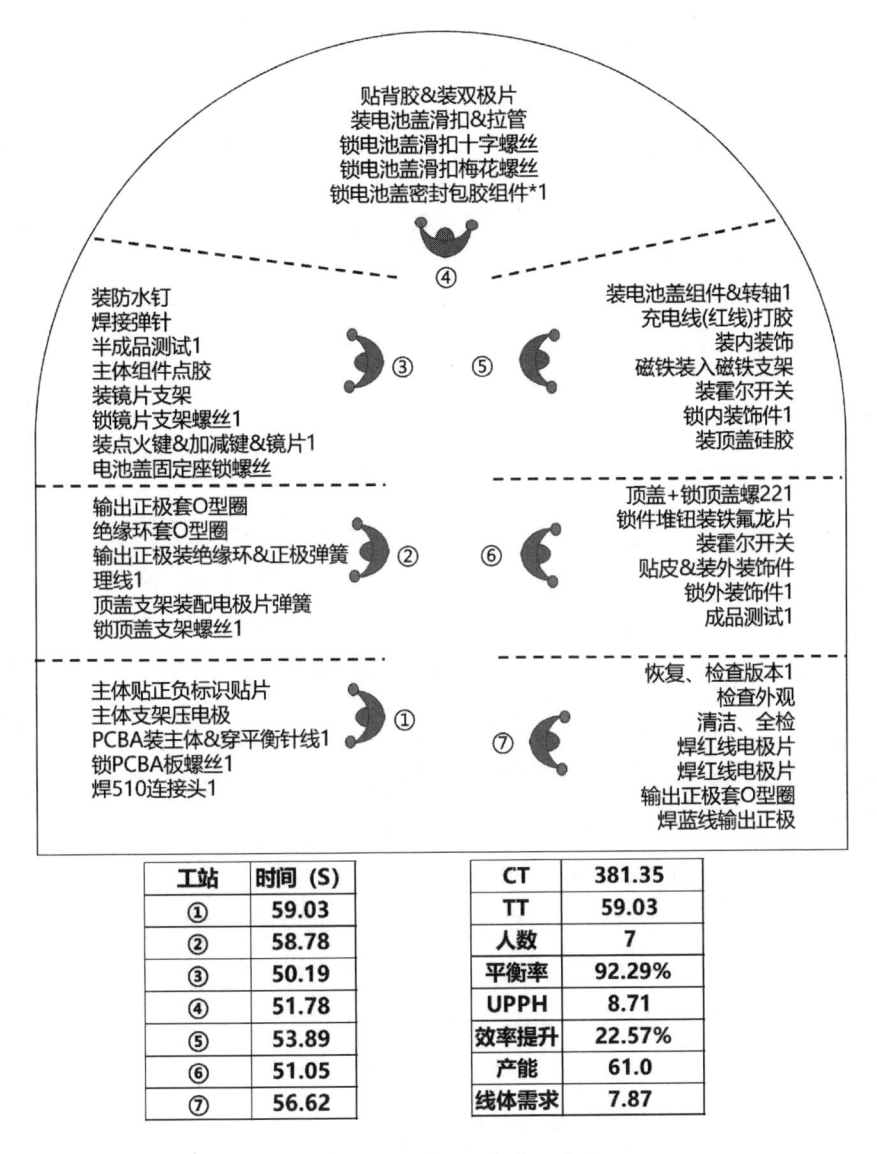

工站	时间 (S)
①	59.03
②	58.78
③	50.19
④	51.78
⑤	53.89
⑥	51.05
⑦	56.62

CT	381.35
TT	59.03
人数	7
平衡率	92.29%
UPPH	8.71
效率提升	22.57%
产能	61.0
线体需求	7.87

图4-4 打破重组（合并）方案

紧接着，团队通过头脑风暴对打破重组（合并）方案与维持原来做法的分段优化方案做了优缺点综合对比分析（见表4-2），分析结果如下。

表4-2 打破重组（合并）方案与维持原来做法的分段优化方案的优缺点综合对比分析

评价	打破重组（合并）方案	维持原来做法的分段优化方案
优点	①前后两端工作更平衡，线平衡率更高 ②前后端搬运少 ③合并工位，缩短物料拿取时间 ④降低组装段工序，线体长度缩短 ⑤动作连贯性高，在制品减少 ⑥更有利于单件流执行 ⑦管理更简单：分3部分（电池盖组装、主体前加工、组装）	①员工上手快 ②品质检验集中 ③线体布局不需大量改动 ④上料频率低 ⑤错、漏、混的概率小，物料单一 ⑥自检做得好
缺点	①需要打破原有管理思维，面临挑战 ②对人员技能要求比较高 ③印制电路板防护要求更高，需要重新评估包装方式 ④物料配送频次增加	①库存高 ②人数多，管理杂 ③对人员技能要求高（组装段） ④前加工孤岛多，效率低 ⑤物料搬运距离长 ⑥搬运7个部件

打破重组（合并）方案彻底打破了团队原有的固化思维，在团队看来简直就是冒天下之大不韪，原来的流水线上一位员工只需要做一个或简单的几个动作就可以了，现在一个人要做5~10个动作，挑战之大，难度可想而知。然而通过进一步多维度地评分，团队一致给该方案打出了46分。最后，经过顾问专家进一步验证，团队最终选定打破重组（合并）方案为最优方案，并将原来的两个项目"GM0007前加工效率提升"和"GM0007组装效率提升"合并成一个项目"GM0007 UPPH提升"，两个项目团队也合并成一个团队。

在方案的多维度评估对比分析结果（见表4-3）中，打破重组（合并）方案的分数是46分，得分最高，被选定为最优方案。团队此时沉默了。与此同时，他们也明白了一个道理，其实每个方案都有其独特的优势和重点，通过多个方案的结合，可以更全面地从不同维度挖掘方案的优缺点。

表4-3 方案的多维度评估对比分析结果

单位：分

评估维度	评估指标	未优化前	分段优化（维持）	打破重组（合并）
1	在制品最少	1	3	5
2	实际工时最靠近节拍工时	3	3	5
3	制造周期最短	1	5	5

（续表）

评估维度	评估指标	未优化前	分段优化（维持）	打破重组（合并）
4	线平衡率	1	3	5
5	额外的投资	5	3	3
6	方便设备维修	3	3	3
7	面积 m^2 最小	1	3	3
8	人员数量最少	1	5	5
9	柔性大（适应范围较广）	1	5	5
10	物流总距离最短	1	3	5
合计		18	36	46

注：效果差为1分，一般为3分，良好为5分。

一般来说，每种方案设计完成后，需要重新做山积图、计算线平衡、计算每小时产能、计算改善前和改善后的 UPPH，以便计算效率提升比。例如，单元线方案一设计的是 7 人 U 型线，线平衡率为 88.57%，每小时产能为 76.3，改善前 UPPH 为 7.1，改善后 UPPH 为 10.9，设计效率提升 53.56%（见图 4-5）。

最后，通过对比 7 种线体布局方案、山积图分析，综合评比选出最优方案是方案四。方案四是 10 人线体（8 人+2 人），改善后的 UPPH 为 10.9，线体长度最短，柔性最强，理论计算组装效率提升 52.36%（见图 4-6）。

方案模拟

新方案出来后，团队特别兴奋，迫不及待地想要看到成果，张工很自信地说："排线我是专业的，下午直接带新方案去生产线试运行。"然而经过半天的模拟，过程中遇到很多困难，结果一个产品都没输出，团队感觉很沮丧，开始怀疑方案的合理性。

线体有了初步方案，是不是可以直接到生产线生产了呢？事实上这还远远不够，如果直接仓促上线，往往会有更大的困难，因为一旦效果不佳，就会产生生产交付压力，这会给团队带来很多负面影响。顾问专家指出，正式上线前还需要进行关键的一步——作战室模拟布线，尽可能以 1∶1 尺寸模拟生产现场。在顾问专家的"鼓动"下，团队合理分工，用纸箱搭建工作台。

单元线方案一

工位	工位名称	平均用时 (1PCS/S)	总计用时 (S)
1	PCBA装主体&穿平衡针线1	18.2	39.466
	锁PCBA板螺丝1	12.8	
	焊510连接头1	8.5	
2	输出正极装绝缘环&正极弹簧	16.4	42.27
	理线1	17.1	
	锁顶盖支架螺丝1	8.7	
3	装防水钉	11.4	42.78
	焊接弹针	6.0	
	半成品测试1	10.1	
	主体组件点胶	8.9	
	装镜片支架	6.4	
4	锁镜片支架螺丝1	8.6	37.64
	装点火键&加减键&镜片1	10.5	
	电池盖固定座锁螺丝	7.3	
	装电池盖组件&转轴1	11.3	
5	充电线（红线）打胶	5.9	42.532
	装霍尔开关	3.3	
	装内装饰	5.5	
	锁内装饰件1	11.9	
	装顶盖硅胶&顶盖	16.1	
6	锁顶盖螺丝1	13.7	40.6
	装霍尔开关	5.4	
	贴皮&装外装饰件	8.4	
	锁外装饰件1	13.1	
7	成品测试1	14.4	47.17
	恢复、检查版本1	14.7	
	检查外观	8.2	
	清洁、全检	9.9	

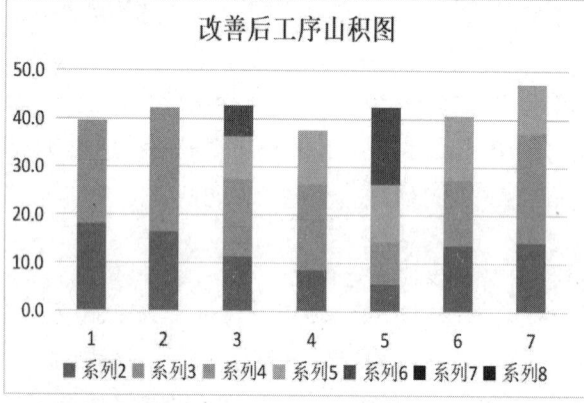

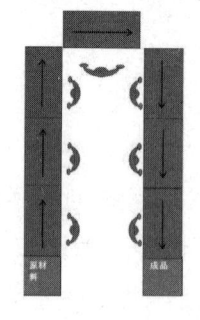

改善后工序山积图

平衡率	88.57%
每小时产能	76.3
改善前UPPH	7.1
改善后UPPH	10.9
设计效率提升	53.56%

图 4-5　单元线方案一及改善后工序山积图

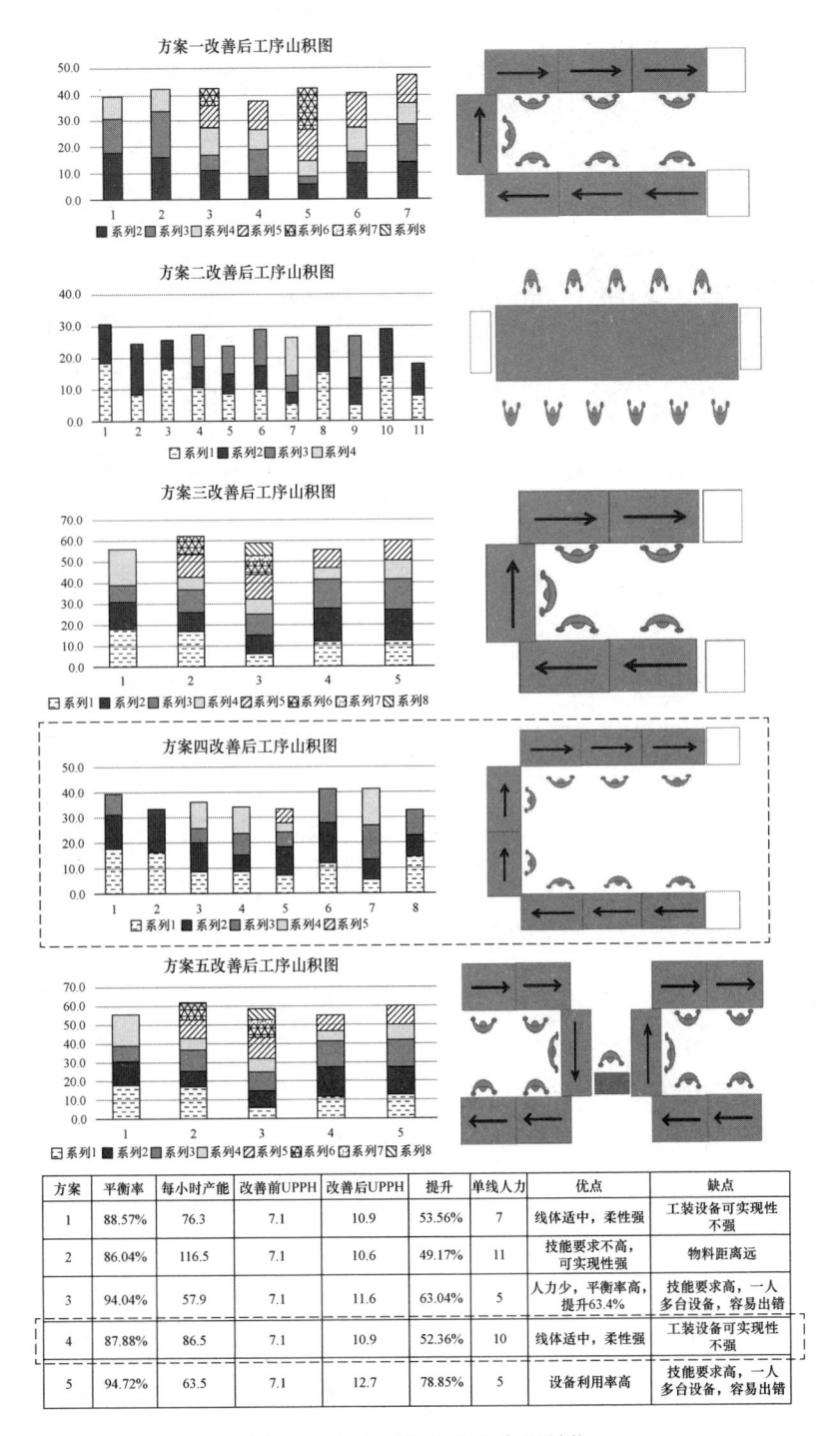

方案	平衡率	每小时产能	改善前UPPH	改善后UPPH	提升	单线人力	优点	缺点
1	88.57%	76.3	7.1	10.9	53.56%	7	线体适中，柔性强	工装设备可实现性不强
2	86.04%	116.5	7.1	10.6	49.17%	11	技能要求不高，可实现性强	物料距离远
3	94.04%	57.9	7.1	11.6	63.04%	5	人力少，平衡率高，提升63.4%	技能要求高，一人多台设备，容易出错
4	87.88%	86.5	7.1	10.9	52.36%	10	线体适中，柔性强	工装设备可实现性不强
5	94.72%	63.5	7.1	12.7	78.85%	5	设备利用率高	技能要求高，一人多台设备，容易出错

图 4-6　综合对比选定方案四最优

此时，顾问专家提出更高要求：领取生产物料和制作工具后，在作战室产出产品。团队满腹疑惑，这个怎么可能呢？事实上，担心是多余的，只有想不到没有做不到。万事俱备，准备生产了，电批没有线体可以挂，项目成员临时充当工作台，一人站立拎着电批，另一人操作电批（见图4-7）。

图4-7　在作战室模拟现场生产：项目成员充当线体支架

难以置信的是经过现场模拟，两次迭代后真的生产出了5台产品（见图4-8），这给了团队巨大的鼓舞。对于团队来说这是一个里程碑事件，真实的产品可以在作战室里生产出来了。

团队经过两轮的作战室模拟迭代，增强了信心，认为在线平衡测定确认没有问题后，就可以到生产现场模拟生产了。团队整装待发，信心满满。白天模拟完，趁热打铁，当天晚上就将治具搬到了生产线，项目成员跃跃欲试（见图4-9），而此时试运行线体是这个车间仅运行的一条线体，其余线体运行区域漆黑一片。

方案实施——自己用的大炮自己造

万事俱备，只欠东风了。项目团队紧锣密鼓地开始进行下一步工作，操作人员准备——人员培训——制订生产爬坡计划——安排试运行——同步收集问题与快速改善——提升合格率。因为是第一条U型线，对技能要求很高，所以团队一致要求需要从原有流水线调老员工来做精益线。就这样第一条精益线开始生产了，项目成员每天到现场指导作业，发现问题，解决问题，看似进展顺利，实则不然。因为效率提升进入了瓶颈期，并不能达到预期。团队经过分析，终于找到了问题的关键，问题出在线体上，因线体布局均采用了之前的方案，所以难以进行线边设计与优化，这就是使用老线体的局限性。于是，顾问专家建议，团队自己搭建精益线。说做就做，安排购买精益管，计算尺寸，下料，线体组装，经过一段时间的准备，团队自己动手搭建的精益线终于完成了（见图4-10）。

第四章 精益业绩

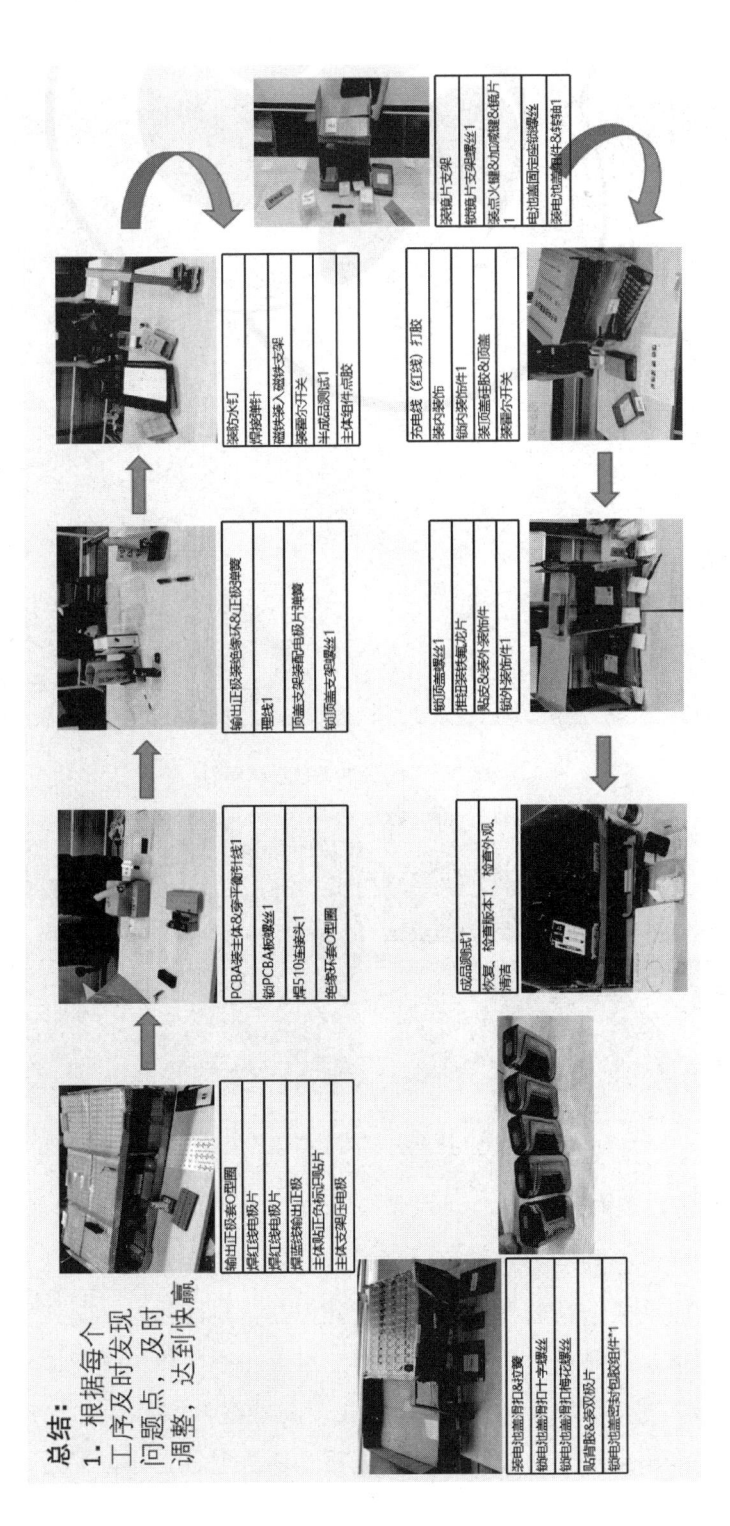

图 4-8 生产产品

总结：
1. 根据每个工序及时发现问题点，及时调整，达到快赢

图 4-9 项目成员准备现场试运行

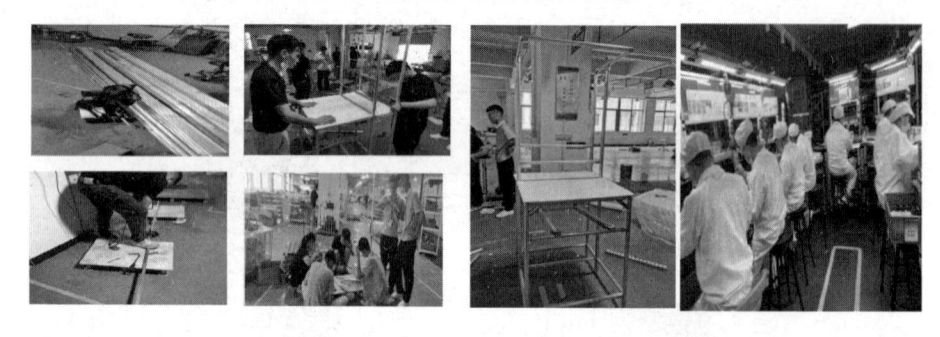

图 4-10 团队自己动手搭建的精益线

千锤百炼始成钢

团队选择自己动手搭建精益线，有效地避免了使用原有线体所产生的问题。团队大胆地依据精益的原则进行设计，在搭建线体时不是选择一次性搭建完所有线体，而是集中团队资源一个工序、一个工序地优化，集中优势兵力重点突破，进行动作优化、治具摆放、物料摆放演练，并加速迭代。于是，在生产线移到搭建的线体上时，需要重新测定各工序、工时，找出瓶颈工位，并进行原因分析与改进。同时，品质也不能落下，品质问题也是提升效率的重要一环。对于品质安排专人跟进，每小时统计汇报良品及品质状况，以便针对性地快速解决问题。之后进一步通过 PFMEA[1]进行全流程分析，识别出高风险 1 项（S≥7 且 RPN≥60），低风险 46 项，并针对高风险项采取措施，降低风险。

经过优化的线体 U1，动作更加顺畅，同时作业人员熟练度也有提升，较使用原有线体效率有了进一步提升。整体 UPPH 也有了较大提升，打破重组后重新核算 UPPH，UPPH 改善前为 4.27，经过自建线体及优化 UPPH 达到 5.81，效率提升 36.06%。然而，经过一段时间的维持与固化，UPPH 并没有进一步提升，团队又陷入了困局，项目成员变得一筹莫展，离挑战目标提升 50%还有很大差距。

正在项目再次陷入困境的时候，顾问专家出现了，顾问专家了解情况后给出建议，在组装线 8 人线的基础上再减少 1 个人，将 8 人变 7 人，前加工 2 人不变，总人数为 9 人。将减少的一人（最优秀人员）培养为助拉，为将来的生产线复制储备人才。这种改善突破的方法，让团队眼前一亮。于是，团队开会进行 7 人组检讨，将可能存在的问题一一列出（见图 4-11），并逐个解决。最终，通过会议商讨和现场测量模拟，确定了各工序物料配送方式、最小包装和治具合理摆放等事项，改善后的 UPPH 提升到了 6.62 左右，整体效率提升 55%。

重赏之下必有勇夫

项目初期，改善遇到瓶颈，UPPH 提升维持一段时间后再难以突破。这时项目团队在思考：问题出在哪里？有一天，项目团队去现场跟进的时候，突然听到一名员工跟领班反馈，我要申请调岗，要不然就离职。

领班：为什么突然想调岗？

员工：之前流水线一个人做一个工序，现在一个人要做几个工序，太复杂了。

领班：原来是这样，那你有没有好的建议？

员工：精益线效率提升了，对我们有什么好处，而且，新进员工没有培训，就直接上岗。

---

1 PFMEA：制程失效模式与效应分析，英文全称为Process Failure Mode and Effects Analysis。

商品参数	加厚五金周转箱		
型号	外尺寸(毫米)	内尺寸(毫米)	克重
1#	710×455×180	670×420×175	1.76KG
2#	650×410×160	620×375×150	1.30KG
3#	520×360×150	400×320×145	1.02KG
4#	406×305×150	305×275×140	0.67KG
5#	340×270×130	320×240×125	0.46KG
6#	347×248×94	310×216×86	0.34KG
7#	300×200×87	270×170×76	0.26KG

7人组检讨
1. PCBA预装入主体内动作放置第1个工位，评估作业时间
2. 焊锡抽风机较占空间需改良——吊入式抽烟
3. 人员心态进行调整
4. 每个工位物料摆放，拿取动作经济评估
5. 减少一人，每个工位(特别是打胶前后工位)调整
6. 工位调整后了解员工的操作情况和困难
7. 工位物料品种多，容易视觉疲劳，做颜色区分
8. 焊锡工位增加焊剂，加快焊锡速度
9. 显示屏来料过黏，员工操作困难
10. 产线经常发生的异常，其对应工位员工是否了解其异常原因，能否识别
11. 产线相对人员，物料供应过慢，导致作业人员时间浪费
12. 现场看板标准化

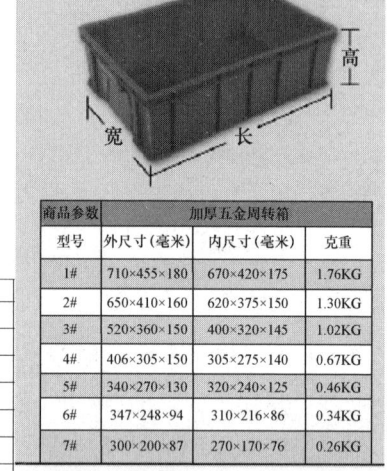

图 4-11　7人组进行问题检讨

领班：好的，感谢你的建议，你先回工作岗位，我们来协调改进。

如何有效提高现场员工积极性，使之主动参与到改善项目中来，达到干多干少两个样、干好干坏不一样？当现场员工参与到现场改善中成为改善的受益人时，自然就形成主人翁意识。面对无法避免的人员离职、新员工培训不足而导致的爬坡速度低下问题，项目团队大胆提出 3 天达到标准工时的目标。而要达到这个目标，新人入职培训与技能考核是关键，这时结合同时展开的精益道场项目起到了很大的作用。

其中，员工筛选与培训采用三步法。第一步，新人招聘时，通过面试筛选与考试，将愿意做多能工的人安排到精益线；第二步，精益道场设在精益线旁边，新员工需先通过大屏幕培训；第三步，培训后，再到道场实操作业，实操培训后还需要经过实操考核，考核合格后才会正式分配给精益线。通过三步法

培训，极大地提高了新人的快速爬坡能力。

为了进一步提高员工积极性，经过项目团队讨论，上报请示公司领导后，决定引入超产奖。也就是说，通过不断培训提高员工能力，将原来的普通员工定义升级为多能工，如果生产效率进一步提升，则对于超过标准工时的部分，员工可以参与分享此部分收益。而要让员工看到这部分收益，还得有一个突破口，于是团队制定了改善收益表与引导标语（见图 4-12），并且将改善收益表悬挂在生产线周边，让员工清楚地看到今天做了多少，能够领多少奖金。

9人线（7+2）产能梯队奖金查询表：每增加1台，领班受益1.1元，助拉0.5元，多能工0.4元

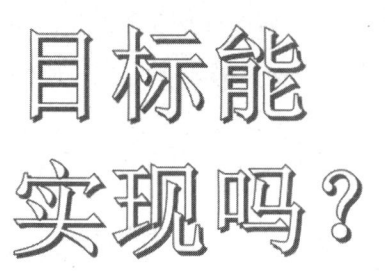

类别	人均小时产能	提升比例	累计提升比例	入库产能（12H）	奖金 领班	奖金 助拉	奖金 多能工	奖金（12H）领班	奖金（12H）助拉	奖金（12H）多能工
1	50	—	—	605	0	0	0	0	0	0
2	53	5%	5%	636	3	1	1	33	17	13
3	55	4%	9%	660	5	2	2	59	30	24
4	60	9%	19%	720	10	5	4	123	62	49
5	63	5%	25%	756	14	7	5	162	81	65
6	65	3%	29%	780	16	8	6	188	94	75
7	70	8%	39%	840	21	11	8	252	126	101
8	73	4%	45%	876	24	12	10	291	145	116
9	76	4%	51%	912	27	14	11	329	165	132
10	80	5%	59%	960	32	16	13	381	190	152

目标能实现吗？

$1.01^{365}=37.8$
你如果每天进步一点点，一年后，你会远远大于"1"！

$0.99^{365}=0.03$
你如果每天退步一点点，一年后，你会远远小于"1"！

$1^{365}=1$
你如果每天只是原地踏步，一年后，你还是那个"1"吗？

图 4-12 改善收益表与引导标语

最后，通过设定目标，将每一阶段的目标与员工的收益相挂钩，让改善收益都看得见，之后召集员工和项目团队进行宣讲，给员工一个突破自己的理由。此时，现场员工和项目团队看到了希望，思想逐步转变了。

举杯同庆——项目达成

是不是 UPPH 达到目标了，项目就达成了呢？项目初期，改善遇到瓶颈，每天的波动都很大，过程中经常会遇到一些不可抗拒的因素，项目团队将问题

转化为前进的动力，遇到问题解决问题，在实践中学习，在学习中成长。最终，项目团队通过了 3 个月的观察巩固期，取得了阶段性成绩。

随着 U1 组改善步入正轨，第一批超产奖发放，敢于第一个吃螃蟹的 U1 线员工在拿到红包的那一刻，脸上都洋溢着开心的笑容。努力和汗水都是值得的。至此，彻底点燃了公司员工的热情（见图 4-13），现场员工的潜力逐步被激发出来。此时，小组内部目标一致，小组凝聚力、责任感大大提升，各小组之间逐步形成了你追我赶的氛围，今天你比我强，明天我就要比你强。

图 4-13 改善收益表宣讲与 U1 线超产奖颁奖

通过精益思想的转变、方法论的运用、改善提案的推行、超产奖机制的引入，一期改善项目共计发现了 122 个改善机会，关闭 112 项项目，改善关闭率 92%，直通率从 97.06% 提升到 99.28%，UPPH 整体提升 59%，同时，随着线体的复制，U2、U3 和 U4 也逐步开展起来，就这样，奇思的第一个设计法宝诞生了，线体设计三步法（见图 4-14）。

一、现状分析	二、确定最终方案	三、快速实施方案
1.1 PQ分析	2.1 确定最优方案	3.1 实施过程
1.2 PR分析	2.2 道场模拟	3.2 改善案例
1.3 鱼骨图分析	2.3 现场模拟	3.3 过程花絮
1.4 7Way方案筛选	2.4 方案说明	
1.5 方案实施计划	2.5 线边设计	
1.6 VSM分析		

图 4-14 线体设计三步法

第一步是现状分析。通过产品数量、产品工艺分析找到需要改善的主要产品系列和工艺流程，通过产品鱼骨图和价值流图识别产品工艺的"孤岛"和改善机会点，通过 7Way 法尽可能地提出改善方案、筛选可行方案以及融合最优方案，最终输出方案计划。第二步确定最终方案。做线体布局设计和线边设计，基于设计方案通过道场模拟方案来识别设计缺陷，再将优化后的方案进行小批量现场模拟验证，通过作业员试点方案再次识别问题进行二次优化，最终得出实施的方案说明书，这一步要做到千锤百炼，使方案尽量接近完美，也遵循了精益的"慢计划，快行动"原则。第三步就是快速实施方案，一鼓作气地达成项目目标。

干掉流水线

奇思在经历了精益一期项目后，在组装、包装工段的效率提升方面已经得出了结论（组装段效率提升 59%，包装段效率提升 65%），精益线对比流水线就是快，效率就是高。基于一期的成功着陆，更加坚定了精益变革初期，奇思高层领导提出的"干掉流水线"的想法。

"干掉流水线"不是个口号，那如何在最短的时间内完成精益线的快速复制，并且在保证品质的前提下，达到效率增长的预期？这是精益二期项目的目标，二期项目包括：

（1）包装车间精益线体 100%复制；

（2）组装电池盒车间精益线体 100%复制；

（3）组装雾化器车间精益线体设计搭建与 100%复制。

包装车间"干掉流水线"

从时间线来看，包装车间是第一个完成精益线设计搭建并投入使用的车间，也是第一个进入"干掉流水线"的车间。自 2021 年 11 月开始复制第一条精益包装线，到 12 月底"干掉"流水线，过程中面临以下问题。

（1）以前的流水线一人一个岗位，工作很简单，按照流水线的标准产量，天天产能达标，而且基本上都有超产，现在转换成精益线，一个人要完成多个岗位操作，员工不适应。

（2）员工只是听说了要改精益线，但是不懂什么是精益线，只知道要减人提产。

（3）带线领班没有参与精益一期线体设计与搭建，对于精益生产模式并不了解。

当然，也有些员工对于新的生产模式表现出好奇的一面，信誓旦旦地说"没事，不怕。"结果精益模式试运行起来后，好多人都辞职了。当时为了支撑试运行，就从其他包装线调人去支援。而且对于这条新鲜的线体试运行，在现场领班做员工离职访谈时，曾出现过以下对话。

领班：你做得好好的，怎么要离职呀？

员工：我又不是拿两三个人的工资，为什么要干那么多？我又不是傻！

在试运行精益线体时，一线生产员工对于新生产模式的理解不够是比较突出的问题。于是，就在试跑精益线时，换了一批又一批的人，都是不要工资要离职的。那会还有人抱着侥幸心理，认为反正产能不达标，最后还会改回流水线的模式。

鉴于当时线体复制推进遇到的困难，也为了让领班、员工了解精益模式下的效率是可以做到的，于是，公司给复制完成的线体员工发放超产奖进行激励，而且包括临时工。员工当时发现"风向"转变了，做得到的有奖励，做不到的就没有。车间现场，员工个个就像打了鸡血一样，卖命地干，都想拿到奖金。"看，达标了！""有钱拿了！"果然超产奖的激励是有效果的！对于生产线每天指标达成状况，员工都会主动地去问领班结果，就好像自己每天都在参加"考试"，都想知道自己所在的线体的达成状况。领班在每天早会中会将前一天的达成结果公布出来，员工在这一过程中找到了成就感。到了月底，精益办的同事会拿着一叠现金红包直接来到车间进行现场发放。现场的氛围很好，有些拿到奖金的员工在合影（见图 4-15）之后，还会要求拍照的同事给自己拍张个人照。这就是激励的效果。哪怕随着熟练工的流失（临时工不定时撤离），换了一批新员工，助拉、领班晚上下班了还在思考：是不是手法不对？是不是排线有问题？还应该怎么教？为什么有的机型会不达标？从这就可以看出，员工对于超产奖、多劳多得的简单追求，为实现流水线过渡到精益线提供了很大的帮助。

图 4-15 拿到奖金的员工合影

此外，根据包装订单的结构分析，包装产品类型分为以下 3 种，对应了 3 种精益线体的选择，那么从流水线切换成精益线，就需要解决不同的问题。

种类一：常规类型订单（电池盒单品、套装、雾化器套装）。针对这种单个机型订单数量大（单个颜色 100pcs 以上）的产品，为完成客户交付的要求，生产节拍要快，所以在线体复制切换时，选择使用"精益多人线"这种快节奏、拉式作业的线体。但在切换过程中需要解决以下的问题。

（1）产品包装盒分为大盒、中盒、小盒 3 种，但是每一种盒子都要过中封过膜设备，所以经常要调整参数用以应对包装盒的变化，每天要调整十几次，随着时间一长，开始出现频繁维修设备的状况。为了解决这一问题，项目团队通过对整体订单排产进行 PQ 分析，确定了大、中、小盒分别需要占用对应的中封设备，在排产上按照线别不同区分排产和发料，然后将设备参数固定下来，减少调机次数，这提升了设备性能的稳定性。

（2）岗位技能的培养难度大。包装车间相对于组装，在工艺上要简单很多，但由于加工节拍短，对于操作技巧方面的要求比较高。在个别岗位的培养上需要一定的周期，在这问题上，当时共有两套应对方案。方案一：复制验证一条线的同时培养关键岗位人员，等这条线复制完成并达到预期效率后，将人员抽走投入下一条线进行复制,如此往复。方案二:设置车间员工技能矩阵,通过技能矩阵以及岗位的要求,制定培训计划表,对潜在多能工进行提前储备。

种类二:OEM(原始设备制造商)定制版订单(OEM 电池盒单品、套装、OEM 雾化器套装)。针对这一类型产品,单一订单数在 50pcs 左右,因其节拍较长,所以选择统一使用单人 Cell 进行复制切换,在切换时存在的主要问题如下。

(1)单人 Cell 员工的品质问题。因全套包装加工通过一个人完成,所以在复制过程中,品质管控完全依靠品质抽检,员工个人在防呆防错方面不可控。针对这个问题,在现场改善中,首先,根据岗位特性,增加自检要求,需要留下记录可追溯;其次,通过规范线边设计,规范来料规格,根据实际订单量控制上料数,并通过目视化管理,减少漏装、多装的问题。

(2)单人 Cell 员工的效率问题。单人操作的未来薪酬结算是按照计件的形式与员工的直接收入相挂钩的,多劳多得。但是现阶段单人 Cell 操作岗位的生产效率取决于员工的状态和心情,开心就多做点,不开心或状态差就少做点,效率不可控。鉴于单人 Cell 岗位的特殊性,解决效率问题还是要围绕岗位未来该如何定义展开的。这个岗位未来将被确定为多能工岗位,并制订针对性的培养计划和设定了岗位考核要求与日常作业标准。

种类三:邮件贴标类产品(应客户所在地区法律法规的要求,贴标出货的单品、套装)。针对这一类型的产品的特点是加工工艺和前两种相比最简单,节拍很快。考虑到精益线的种类越少越好,最初计划使用"精益多人线"进行加工,但是后面被否定了,主要原因是:①多人线的线边设计不适合,贴标产品是需要整箱地将产品倾倒放置在桌面完成的,也考虑了包装信息绑定的原因,需要原封不动地装回,而在快节奏的情况下,来回搬运、上料的工作强度太大,加上桌面空间小不易于加工。②贴标产品最多 4 人便可完成,多人线是按照 11 人的标准搭建的。所以根据贴标类型产品的特点,主要围绕如何快速拿取物料、如何加大作业面积展开,最后选择了简易的大作业台用于应对邮件贴标类产品的加工,就是要做到方便员工操作。

最终,为了完成超产目标,多拿奖金,领班开始主动思考如何提升效率、如何让产线更加顺畅、如何提升线平衡率。例如,包装车间在加工一款产品时，发现按照 SOP（标准作业指导书）操作会出现线外"孤岛"，从而降低了效率，这时一线管理者会自己动手调整精益架，让"孤岛"并入线体（见图 4-16）。这就是"干掉流水线"的一个里程碑时刻，它证明了包装车间已经接受了新的生产模式。只有员工接受了，才会在新的生产模式上思考和探索。

图 4-16 让"孤岛"并入线体

组装电池盒车间"干掉流水线"

组装车间相对于包装车间，在加工工艺方面更加复杂，岗位技能培养难度更大，而且工装治具的种类多，精益线的复制难度远超过包装车间，所以组装线体的复制在一期搭建 4 条线的基础上，共计耗时 3 个月，干掉了剩下的 8 条流水线。在开始"干掉"第一条线的时候，当时的林领班给出的反应是这样的：

GM0007 从 61 人的工艺变成 9 人？而且一上来就是 10 组，你们是疯了吧？暂且不说操作要求，设备调试和管理技能，这些全部都变成高要求、高标准。我们上哪里找那么多的多能工？我们不是包装，包装就是折折盒子而已，而组装每组都需要焊锡、打螺丝、点胶。这些技能不像包装半天能学会，我们哪里有那么多人教？他们自己会从天上掉下来吗？

- 焊锡的要会打螺丝，打螺丝的要会焊锡，外观的要会测试；
- 点胶机从 2 台变成 10 台，螺丝机从 6 台变成 60 台，对操作水平和设备操作技能有要求；
- 多工序的作业培训延长到了半小时；
- 台面操作的空间变小了；
- 物料的摆放位置受限。

在刚开始完成复制进行生产验证的时候，有的岗位操作台面上都摆满了物料、设备，没有一点点作业空间。于是，员工只能拿在手上作业，做好的产品没有地方摆放，有的甚至都揣在口袋里等待传递。还有，领班在排线做其他机型的时候，听到很多员工反馈，不会这个，不会那个，做起来就心烦，感觉有做不完的动作，手忙脚乱，没有章法，操作起来不流畅。个别员工甚至通过摔产品来表示抗议。

之后，林领班对于自己负责的线体复制还提出了一些问题，如组装岗位技能的培养周期长，组装设备太大而空间太小导致不易操作、员工操作动作增加等问题，而这些对于精益线体的复制难度不言而喻。

对此，针对设备占用作业空间的问题，生技部匹配了精益线的产能需求，根据线体尺寸重新购买了一批小型点胶设备，取代了流水线的大型设备，在空间上可以做到完美契合。

在技能工的培养方面，车间调集了其他线体的老员工替补进去，在稳定了第一条线的输出之后，针对剩下未进行精益复制的线体，车间又制订对应的员工多岗位技能培养以及领班、助拉学习计划，并从岗位补贴方面，鼓励员工进行多能工的培训考核，得到更多的收入。

在完成上述改善后，组装车间针对现场开展了"5S 铜牌认证活动"，针对各精益岗位的物品三定（定点、定量、定容），输出了统一的现场 5S 标准图，并根据员工操作拿取的方便，从解决浪费的角度优化了精益线边方案。在现场改善的同时，车间负责人也在对一线领班做思想工作，因为只有从思想上出现转变，才能对组装的效率提升有信心。说干就干，好东西应该快速完成复制。没有完成不了的目标，只有信念不坚定的执行者。对于现场执行层面，生产主管欧主管找林领班谈过一次。

欧主管：我看你每次过年都是坐火车回老家，然后疯狂地抢票，你没想过开车回家吗？

林领班：想过啊，打算今年买车了，坐火车，抢票太烦琐了！

欧主管：那你现在也不会开车啊，买车干吗？

林领班：不会可以去学啊，我还年轻，又不是考不过。

欧主管：是的，因为烦琐，因为要回家，你可以去学车，皮带拉换成精益线难道就不能从头开始学吗？员工学习焊锡、点胶很难吗？管理 10 组精益线会比之前皮带线 100 多人还难带？作为管理人员，只有坚定了想法，接受改变，才能迎难而上。

林领班：是的，听你这样一说，确实有道理，我们更多的时候不是去解决问题，而是排斥这样的变革，认为不可行。其实关键原因还是思想上不接受，没有真正参加公司变革。

最关键的是，在精益变革中需解决员工的不理解问题。员工总觉得精益线离自己还很远，一直都在扮演一个"旁观者"角色。当轮到自己的时候，总是想着流水线的安逸，希望一切都不要发生改变。因为从员工的角度来看，在工作这件事上，不打东家打西家。员工不在意岗位技能的提升，而更在乎收入有没有发生变化。以前只是做一个岗位的工作，不但技能容易掌握，而且没人追产能，工资还按时到账。现在一个人不但要学多个岗位知识，而且当自己手脚慢了时，物料的堆积在精益线上会显得特别突出，容易瞬间成为所有人眼中的"焦点人物"，并且工资也没有发生什么变化。为了调动大家的积极性，对目标有追求，参考包装车间在激励方面的做法，组装车间针对复制线体的超产也发放超产奖进行激励，方式依然简单粗暴，用现金红包激励。累计超产越多，奖金越高。一线员工的"学习氛围"逐渐开始建立起来了。为了实现超产，在员工中开始出现一个很普遍的现象，那就是大家开始放弃休息时间，非常自觉地回到岗位上继续生产了，因为他们知道这些额外的付出可以变现。

组装车间的 8 条流水线，在 2021 年 12 月底完成了精益线的复制，平均每个月"干掉"2~3 条流水线。在这一过程中，干掉第一条线耗时最长，花了一个月时间，但作为标杆线，它为后面的线体复制提供了足够多的参考标准。

MAD（维护，装配，拆卸）组装雾化芯车间"干掉流水线"

雾化芯车间没有做过精益一期的线体设计搭建，在工厂端经过一期项目锤炼之后，已经具备了独立推行精益项目的能力，所以雾化芯车间是直接从精益线体设计搭建到全部切换的，实现了精益"一条龙"作业。

项目立项阶段，作为项目组长，来自生产部的刘经理对于目标的设定让所有人都感到震惊。他设定的目标是，在现状的 UPPH 基础上提升 70%作为精益线的目标。当项目目标发布的时候，现场所有人都在笑，这笑声初步可以分为 3 种。

（1）有一种不怀好意的笑叫嘲笑，他提升 70%，为啥不直接提升 100%呢？这不是功劳更大？

（2）有一种满是怀疑的笑叫冷笑，他做得到吗？70%一定做不到。

（3）还有一种笑是带着肯定、充满期待的，对于提升 70%的目标，认为很有挑战，很大胆，很有勇气。

提升 70%的目标在发布之前，有过一段项目指导员与刘经理的对话。

指导员：刘经理，我看了你的项目立项书了，你确定要把目标设得这么高吗？做不到怎么结案？

刘经理： 70%很高吗？我还想设 80%的，这已经很保守了。

指导员：你设定这么高的目标有依据没有？

刘经理：我是做过背景调查的，首先，雾化芯/雾化器生产人工成本方面占整体的 59.2%，为主要的效率改善出发点。其次，MAD 车间 10 月实际的 UPPH 才 24.9，我自己按照 ECRS（取消，合并，调整顺序，简化）分析法重新调整岗位后，实测 UPPH 可以做到 38，就是如此已经提升 52%了，说明浪费太大了，这还没有做其他的改善。完成提升 70%的目标肯定是很轻松的。

指导员：有理有据，你以前是干工程的吧？

刘经理：我工程和生产都干过。

在项目启动后，项目推行小组根据雾化芯的历史排产计划做了 PQ 分析，确定了效率提升目标机型为 GC0004/GC0003，并基于目标机型设计搭建了精益标杆线体，计划如表 4-4 所示。

表 4-4 计划

NO	项目阶段事项	项目事项分解	事项责任担当	预计完成时间	完成状况
1	数据收集和问题分析	该机型的历史生产数据收集分析，9月、10月的生产数据、工时、UPPH（调取财务数据）	刘经理	11月11日	完成
2		该机型在MAD车间的生产线体，该线体在11月每天的生产数据（产出、工时、异常）	刘工	11月11日	完成
3		收集该机型9月、10月的品质数据（生产直通率、成品检验合格率）	潘工	11月11日	完成
4		测量该机型目前在成熟线体的岗位工时，分析工艺排线	郑工	11月11日	完成
5		现场组装三车间4线现场挖掘改善优化点	小组	11月11日	完成
6		根据工艺数据，优化问题点的挖掘分析	小组	11月11日	完成
9	方案确定	根据工艺、挖掘问题点的分析讨论，制定改善方案	朱工/郑工	11月13日	完成
10		改善方进行小组讨论，确定改善方案流程	小组	11月13日	完成
11		对改善流程方案进行试做跟进	小组	11月17日	完成
12		确定最终改善方案	小组	11月19日	完成
13	方案执行	对方案的执行进行线体设计，并执行	朱工/郑工	11月26日	完成
14		对方案的工艺进行执行输出	何工	11月23日	完成
15		作业员工的确定，并进行作业指导	何工	11月30日	完成
16		其他优化细节的执行	小组	11月30日	完成
17	效果确认	跟进实施过程中每天的生产数据（人力、产出、效率、品质、入库等）	刘工/潘工	12月1日	完成
18		线体模式转成精益线体生产模式完成2条，形成标准化线体	刘经理	12月15日	完成
19	车间全面实施	车间生产机型全面工艺推进	小组	12月30日	完成
20		线体的批量制作导入	小组	1月15日	完成
21		全面推进精益线体实施	小组	1月20日	完成
22	整体效果确认	跟进每条线的数据达成状况	小组	1月15日	
23		整体精益项目的收益核算	刘经理/财务	2月	

通过产品工序PR分析雾化芯GC0004/GC0003/GC0038/GC0011/GC0014GC-75/GC-78/GC-76/GC-77/GC-81/GC-79/GC-91/GC-62等产品，发现工序相同程度达到100%，所以此次项目的优化针对上述同类型雾化芯机型进行精益工艺优化。在优化工艺过程中，通过鱼骨图对目标机型的工艺现状进行分析，发现全

流程太长，一个机型加工下来，全流程竟然需要 61 人。根据 7>3>1 原则及 ECRS 分析法进行产品加工岗位的优化确定了最佳方案，通过时间观察并绘制山积图，确定线平衡率达到 93.31%，这已经是同类型产品中最高的了，对加工动作浪费的细节管控也做了反复论证。在优化过程中，针对工艺和质量风险进行识别分析，验证风险在可控范围内。最终，11 月 30 日，距离项目启动不到 1 个月时，针对 GC0004/GC0003 的标杆线体在导入精益模式后，人员从 61 人缩减至 5 人/组，在相同产出的情况下，UPPH 提升 75.46%。

在目标机型取得效率突破之后，项目推行小组的士气一下就上来了，谁说 70%搞不定的？这不是做到了吗？这就是生产的实力。在精益模式运转正常之后，小组成员基于物料拿取的便捷合理、人机结合以及线边设计等，开始着手搭建了第一条精益标杆线体，并进行效率和品质的验证。项目推行小组针对不同机型的加工人数，搭建的精益架是可移动的，以使之符合快速换线的标准。

借鉴了包装车间以及组装电池盒车间的推行复制经验，在一线管理者和员工的激励方面，MAD 组装雾化芯车间少走了很多弯路，终于在第 2 年的 1 月 20 日，干掉了雾化芯车间的 12 条流水线，实现精益线体的全覆盖。

价值流再设计

对于新工厂布局而言，无论何种布局都不一定是最优的方案，只有当下最适合企业发展的布局方案。传统的新工厂布局一般可分为两种：第一种是通过复制的方式将现有生产模式复制到新工厂，也就是复制搬迁。它的特点是在保持现有流程不变的情况下快速进行复制。第二种是通过对公司未来 3~5 年的发展方向和现状的问题点的调查收集，重新设计布局，对优点进行提取延续，对缺点进行设计优化，从而以使新工厂的 Q（质量）、C（成本）、D（交付）各项运营指标得到阶段性提升为目的展开工作。

奇思高层领导对新工厂布局项目给予高度重视，当确定了搬迁计划之后就立即在内部组建专项组团队，同时还聘请了外部顾问专家团队进行系统性辅导工作，并对新工厂未来建设的物流距离、单位面积产值、交付周期等指标提出重点改善方向。就此一个新工厂布局项目就开始进行了。

项目的开展离不开目标的引领，且该目标的制定需遵守 SMART 原则，同时也具有一定的挑战性。奇思项目团队在顾问专家团队的协同指导下结合公司未来3~5年的发展方向和愿景而选定了4个具有挑战意义的目标（见表4-5）。

表 4-5　新工厂布局目标

指 标 项	基 本 目 标	挑 战 目 标
人均产值提升	50%	80%
单位面积产出提升	80%	100%
物流距离缩短	50%	80%
交付周期缩短	50%	80%

当项目目标被明确之后，接下来将对布局前的现状进行梳理，通过收集各项数据绘制现状价值流图的方式将问题一一暴露出来，针对暴露的问题在新工厂布局时加以改善优化，同时对于未来价值流进行绘制，如图 4-17 所示。（注意：价值流图绘制的基础数据要确保其真实性。）

奇思项目团队在绘制价值流图时组建了一个由生技、计划、仓库、生产各职能部门组员参加的小团队，主要对公司各类型产品的产品数量、产品工艺、设备综合利用率、产品工艺鱼骨图、生产节拍、库存金额（含原材料、半成品、成品）等数据进行收集，以绘制现状价值流图。他们通过价值流图分析发现从产品组装后入库到半成品仓库→半成品仓库再发往包装车间打包→再由包装车间入库到成品仓库中有断点，这里的断点直接导致了半成品库存的呆滞、存放半成品场地和人员搬运管理的浪费，而且还拉长了生产周期。另外，组包两段生产节拍的差异大也是导致库存积压的一大因素。当问题浮现后，他们经过团队探讨，结合顾问专家的方向建议，借鉴已成熟的手机行业的做法将组包两段进行整合以实现一个流模式，这为后期新工厂的布局建设奠定了基础。

要使组包一个流的想法落地，他们首先对核心的问题进行梳理，发现落地的主要问题在于小型化的包装设备引进、工艺文件优化更新、品控流程的更新、物料齐套和BOM（物料清单）阶层的调整。

基于此，针对工艺文件，他们将组装段和包段工艺 SOP（标准作业指导书）全部打乱，通过 IE 七大手法和动作经济原则将其重新整合排布，使其线平衡达到 90%以上。

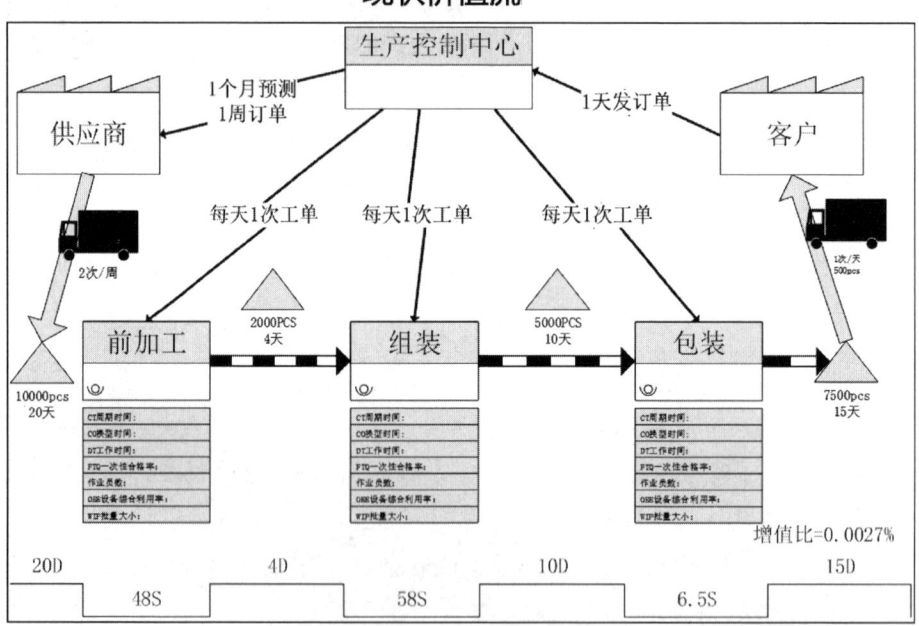

图 4-17 现状价值流和未来价值流

针对品控流程，他们在产品过程监控的流程中，主要更新了品质巡检、抽检的比例，以及优化了样机制作流程，让基础品控人员参照流程作业，从而更好地保证产品质量。

针对物料齐套和 BOM 阶层的调整处理则相对比较简单，完全只是内部信息拉通的事项和内部 BOM、ECN（工程变更）事宜。虽操作简单但依然要事先做好相应信息拉通和文件变更。

针对小型化的包装设备引进则相对而言较为困难，其难度在于该设备既要小巧化同时又能做出大型包装封膜的效果，并且还需满足员工操作简便性。为了可以寻找到一款小型化包装设备，奇思项目团队咨询了十多家专业包装设备厂商依旧无果，但庆幸的是有一家厂商提出了一个非常好的宝贵建议，那就是把包装封膜的设备做成两个独立小型设备，拆分动作完成包装。当他们得到这个建议之后就立即提交设备的请购申请，但当样机买回来试做的时候，新的问题又产生了，那就是动作实现了可封膜效果却不能满足交付品质要求。接二连三的验证失败让奇思项目团队的心态跌入低谷，但是他们没有放弃，他们将设备厂商和包材厂商约到一起进行交流。通过交流了解，他们最终决定可以对包材外膜成分结构进行调整，以加强收缩韧性来补偿设备的不足。之后，通过不同成分配比的打样验证，他们最终攻克了这一难点完成了样板线的推广，紧接着他们请购了 10 条线的设备进行批量复制。

确定了组包一个流的可行性，那么整个未来新工厂的布局方式就明了了。但由于新工厂的布局结构差异以及公司未来战略发展需要，还需对布局目标进行深入细化设计。在顾问专家团队指导下，奇思项目团队参照系统设施布局（SLP）方法的逻辑关系进行目标展开（见图 4-18）。其工具方法论是指根据企业的经营目标和愿景，在已固定的场地空间内按照从原材料的接收，到零部件的制造包装、发运的全过程，将人员、设备和物料所需要的空间做最适当的分配和最有效的组合。

奇思项目团队在此项目开展前内部也对新工厂进行方案设计布局，但整个布局更多的是根据经验来做的，没有参考具体的原则，而且因很多布局的细节点未进行细致规划导致与预期项目目标差距甚远而被否定。之后经过顾问专家的指导和参照 SLP 方法,奇思组装团队重新对布局的要点进行细化梳理,主要细化了以下 5 点。

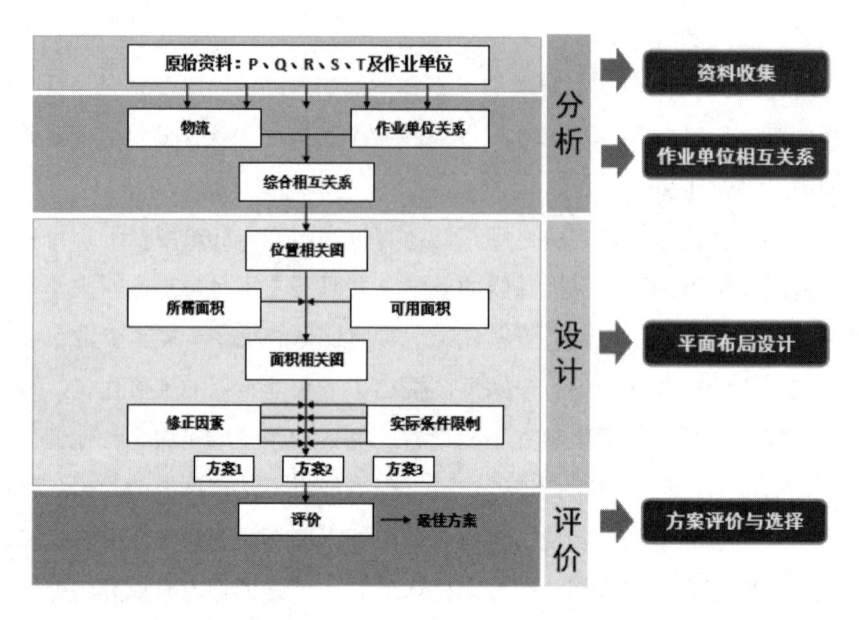

图 4-18 参照系统设施布局(SLP)方法的逻辑关系进行目标展开

(1)梳理布局所遵循的原则清单,按原则进行布局。制定布局原则清单时注意的是所有布局原则需要与工厂布局和目标紧密相关。但因涉及的布局原则项多,所以在选择的时候从中挑选其中部分原则即可(选择布局原则需内部中高层达成共识)。新工厂布局/物流设计原则如表 4-6 所示。

表 4-6 新工厂布局/物流设计原则

1	设备自动化程度高
2	物料齐套配送
3	产线柔性高,能够快速切换
4	一个流生产,连续生产
5	生产物料配送到工位
6	避免员工寻找物料
7	材料按组装顺序供给
8	物流通畅
9	工厂功能区划分合理
10	物料储存方式遵循先进先出

(续表)

11	物料由专职人员配送
12	可移动式作业平台
13	叉车不进车间
14	原材料自动配送到库位
15	成品自动输送

（2）针对限制条件须结合现场考察场地和布局愿景，记录已定性、不可更改的约束性限制条件，在布局时进行规避。例如，之前奇思项目团队在规划布局时因未提前识别到吊装口问题而导致重新规划布局并进行了局部返工调整。因此，这些限制性条件必须在布局前要一一梳理出来，在布局设计时进行规避。

（3）需进行物流强度分析。物流的强度核算本身并不复杂，但是如果容器体积数据不准确，那核算出来的频次与实际就差之千里了。例如，之前奇思项目团队在核算物流强度时仅对整个数据收集就花费了近半个月时间，当时由于部分原材来料方式是以塑料袋形式进行送货的，而系统记录的是塑料袋在空载情况下的长宽尺寸（实际塑料袋装载原材料之后变成了不规则的椭圆形体积），导致核算出来的仓库到车间转运之间的装运频次与实际差异甚大。后来项目团队通过将所有塑料袋交货方式改成大、中、小规格的胶框送货，该问题才得以解决。

（4）通过功能区非相关性分析确定粗略布局结构。在做废物流向相关性分析之前，需组织工厂所有职能部门参与评估功能区清单，功能区清单的输出须参照公司未来发展的方向。需注意的是，这个功能区清单的输出离不开与高层之间的交涉和沟通。确定功能区清单之后，需在分析各功能区之间的强相关理由等级后进行相应的等级排位，并将其填入非物流相关性表。在平面布局时先将重点强相关的功能区就近排布，如图 4-19 所示。需注意，每个等级需控制数量。

例如，奇思项目团队的首版布局就是因为对非物流相关性分析未做相关性研究，布局时将线边超市放在车间侧边，导致超市到线体之间的物流距离拉长。在发现问题之后，他们决定将超市调整到车间的中央位置，这样物流距离立即减半。通过这一小小的细节调整就能有不一样的收获和改变。

1	原材料储存区	
2	组装—生产区	
3	组装—物料超市	
4	组装—吸烟区(休息区)	
5	组装—辅料仓	
6	组装—传递仓	
7	组装—更衣室	
8	组装—茶水间	
9	组装—厕所	
10	组装—消毒区	
11	组装—生产/工程办公区	
12	包装—生产区	
13	包装—物料超市	
14	包装—吸烟区(休息区)	
15	包装—传递仓	
16	包装—更衣室	
17	包装—茶水间	
18	包装—厕所	
19	包装—生产/工程办公区	
20	成品出货区	
21	成品存货区	
22	成品备货区	
23	TE工作室	
24	夹具房	
25	治具收发室	
26	管理类功能区	

序列	理由
1	生产管理
2	人员管理
3	安全及污染
4	员工便捷
5	物流

等级	占比	标准数量(个)	实际数量(个)
A	5%	13	7
E	10%	25	7
I	15%	38	11
O	20%	51	16
U	40%	101	203
X	10%	25	9

小结：

通过非物流原则，梳理未来新工厂功能区的相关等级关系，其中关系为绝对必要靠近的占8项，分别是：

1.组装生产区—组装物料超市； 2.包装生产区—包装物料超市；

3.原材料存储区—组装传递仓； 4.原材料存储区—包装传递仓；

5.组装·生产区—治具收发区； 6.组装·物料超市—传递仓；

7.成品出货区—成品备货区； 8.成品存货区—成品备货区

图4-19 在平面布局时先将重点强相关的功能区就近排布

（5）物流的线路规划与配送模式选定。物流的线路规划是基于配送模式的选定而制定的。传统的企业一般选择简单而粗暴的方式，直接由原材料仓库配送到生产线。简单的方式往往有弊端，它的弊端就是每条线都要预留两天以上的原材料库存，这样就要有很大的空间存放原材料，而且还导致库存金额增加。此时，你会问每条线预存一天的原材料每天发一次不就可以了吗？但这样做是存在风险的。如果每天只发一天的量，那基于生产线与原材料仓库的距离，再加上仓库打单备货的时间会出现生产线断料停线的风险。那么要怎么做才能既利用空间又能让生产线很好地运作呢？

对于这个问题，奇思项目团队利用线边超市的模式进行完善。所谓线边超市就是将线边集中规划在一片能满足生产线一天量的场地，并用固定标准的容器进行上料。线边超市遵循的是先进先出、按水位进行补料原则，同时固定料号位置、设计方便拿取的标准高度，根据产品生产节拍及线边设计每两小时给产线上料（上料时间可根据实际情况调整），这样线边有 0.5 天预存，超市有 1 天预存，仓库只要每天对超市进行按水位配送物料就可以确保生产线不断料了。物流方式选择超市模式对于标准容器的依赖性相当高，尤其体现在一些特殊原材料必须使用吸塑盘上料的情况（如电子料、有表面要求等的原材料）中。奇思之前在新产品受控时未对吸塑盘大小尺寸做规范要求，在前期导入线边超市时导致同一物料不同供应商的吸塑盘尺寸大小不一，使线边超市和生产线操作极为不便，后期通过对所有特殊原材料吸塑盘来料进行标准制定（长宽尺寸控制在 350mm 以内），为公司推行线边超市上料进行优化。确定了原材料的配送模式，那么配送路线自然是参照就近的原则进行规划了，但是这里还有两个问题需提前评估，那就是电梯流量评估和转运工具选型。项目团队需对于奇思独栋厂房各楼层之间每日经过最大生产量进行核算，再对比电梯的装载量和运行速度进行评估，而转运工具则结合限制条件和原材料容器进行评估选择。

在对布局中的各主要细节点进行梳理之后就正式开始布局了，整个布局参照顾问专家团队的指导，按照 731 模式进行。所谓 731 模式就是指项目成员首先做 7 种不同的粗略平面方案进行挑刺，再做优缺点评分（这里有个问题需注意的是在最初的 7 个方案中每个主体结构必须都有大的变动,如果只是细微调整就会有未知布局优点被埋没)。然后对评分最高的 3 个方案进行缺点优化,并在补充细节后再进行一轮挑刺评分,最终确定最优方案(需注意的是 3 套方案补充的细节要包含车间线体、超市货架、人流的走向、物流线路的流向等)。最后,针对最优方案依旧进行缺点优化,通过沙盘演练的方式把它按倍数比例将所有细节模拟展示出来。整个挑刺评分环节需对标项目所制定的布局原则、限制约束条件、项目目标、问题清单的改善和可扩展性等 5 个维度进行评比,方案细化的过程从大范围进行缩小,以促方案细化慢慢完善。

回顾奇思项目团队在接到顾问专家团队建议的 731 方案输出时,心里满是嘀咕。当时就有项目成员发问了:"为什么要做 7 个粗略的方案来进行评分?我们参照所制的定布局原则、限制约束条件、项目目标、问题清单的改善和可扩展性等 5 个维度专注地去做两到三个方案不是更好吗?又省时间又有质量!"当时顾问专家解答说:"输出 7 种方案是让你们从不同的维度去了解布局优劣的对比,对于工厂设计布局来说永远没有最优的方案,只有最适合你们目前发展的方案。"通过顾问专家的原因解说,项目团队瞬间明白了其用途所在。在明白了各环节的重要性后,他们展开了为期近半个月的布局。首先输出的是 7 个粗略性的布局方案,主要针对调整生产车间和线边超市的主体结构方向而布局,经过优缺点评分,最终评分最高的是线边超市布局在车间中央或靠中央的方案。然后又对 3 个最佳方案进行细化,最终评分得出"主过道整合利用,增大最大利用面积"为最佳方案。

至此,将最优的方案输出汇报给高层领导后定稿,再将布局按照 1∶150 的比例进行实际沙盘模拟,如图 4-20 所示,如模拟确定了方案无细节披露了就可以交付了。奇思项目团队在最优方案确定后特地组织公司高层领导、工厂各职能部门负责人,以及顾问专家团队进行了新工厂布局总结讨论会议。会议上,各职能部门对于最终的方案评价都非常高。

新工厂布局的各项目指标达成情况如表 4-7 所示,其中人均产值提升、单位面积产值提升、交付周期缩短 3 个指标达到基本目标,物流距离缩短达到挑战目标。

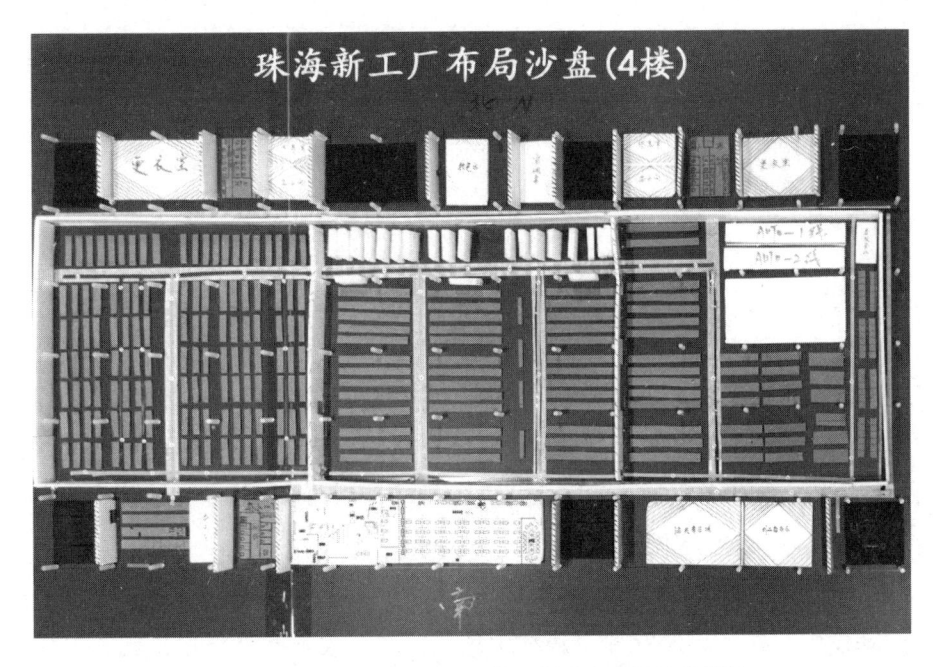

图 4-20　将布局按照 1∶150 的比例进行实际沙盘模拟

表 4-7　新工厂布局的各项目指标达成情况

指 标 项	基 本 目 标	挑 战 目 标	实 际 达 成
人均产值提升	50%	80%	56%
单位面积产值提升	80%	100%	81%
物流距离缩短	50%	80%	101%
交付周期缩短	50%	80%	51%

在新工厂布局的设计过程中，奇思项目团队主要通过现代化布局方法论及工具结合公司未来发展愿景，充分利用空间合理安排各个区域的摆放位置。同时也将精益改善方法论融合到新工厂布局项目中，让物流距离更短，让交货周期更快，让生产效率更高，让人员舒适度更好，也使公司在市场中具备核心的竞争价值。此外，奇思项目团队在整个新工厂布局规划中结合精益的方法论利用新工厂建设的时机将组包一流进行了整合，对内部的物流原材料容器标准进行规范，同时也结合 SLP 方法，合理规划和利用空间，精心设计了物流和人流方案，为公司打造精益智能化工厂打下了基础。

精益从源头设计开始

新产品困境

近年来，随着市场的竞争日益激烈，企业之间都在不断探索提高效益、降低成本的生产方式。精益生产管理正被认为是一种高效的生产管理方法，可以帮助企业实现更高的生产效率和更好的产品质量。然而，在新产品的开发过程中因设计跟制造分离，所以每个职能部门独立于各自领域，缺乏前后协同。这种分工模式的缺陷在于没有充分调动设计团队和制造团队的合作力量，团队之间缺乏交流、信息不畅通导致了不必要的重复工作和资源浪费，从而给新产品的导入带来了一定的风险。

奇思也存在类似的问题，2021年之前奇思的技术团队只负责把产品的验证工作完成，即在维持原有的流水线生产模式中只要产品能做出来就算完成任务，而把精益改善抛给了后端的生产跟技术人员进行二次优化。在前期的精益推行中，当 GM0007 这款产品通过精益改善取得显著的成果后，奇思的技术团队开始反思，既然精益改善能够帮助团队提高效率、降低生产成本，为什么精益改善这个动作要在产品量产之后才做？新产品导入过程中如果不做有效的事前预防，那么到了量产后再进行改善对于公司来说也是一种浪费。难道就不能在产品的设计阶段以及工艺的验证阶段就开始实施精益吗？如果有一套行之有效的方法，在开发阶段就开始进行精益设计和工艺优化，围绕精益的属性进行开发，那将促使精益变革向前再迈进一个台阶。

统计数据表明：产品的设计开发成本虽然仅占总成本的 10%～15%，但决定了总成本的 70%～80%。鉴于产品设计阶段对最终产品质量和成本起重要作用，人们越来越清楚地认识到：好的产品质量是设计出来的。

对于刚处在精益萌芽期的奇思来说，通过精益设计实现产品的精益制造是必须推行也是没有退路的选择，带着这样的使命跟精益改善的迫切性奇思在精益三期成立了"精益 3P NPI"项目。围绕该目标项目团队分别选取了两个类型的具有代表性的产品来进行论证。精益研发（三防类产品 GM0019 和可更换烟弹类产品 GS0236）项目目标如表 4-8 所示。

表 4-8　精益研发（三防类产品 GM0019 和可更换烟弹类产品 GS0236）项目目标

精益 3PNPI 项目目标			
类　　别	生 产 效 率	产品合格率	设备投入成本
GM0019 类	提升 30%	大于 98%	降低 30%
GS0236 类	提升 30%	大于 98%	降低 30%

模组化设计（不考虑精益制造的设计都是耍流氓）

奇思作为一个为母公司基克纳代工的制造工厂是纯粹的制造企业，在现有的情况下怎么实现通过零部件模组化来减少人员投入将是接下来的重点工作内容。"精益 3P NPI"项目组将作为试点项目进行组件化的先头部队，为组件推行做铺垫，这将为推动奇思跟供应链的集体转型提供参考依据。那么奇思是怎么做的呢？

第一步（释放信号）

公司高层领导向供应链传递奇思未来的产品开发模式，即平台化设计跟模组化设计将是未来的开发策略，并提前释放开发需求以为供应链技术布局释放信号。

第二步（推行模组化）

结合公司的组件推行策略，内部的研发团队和生产技术团队以及采购团队达成深度共识，分阶段地推行模组化。第一阶段将简单低风险的零部件转移到更具有生产优势的供应链中进行组装生产，由供应链做成组件后再交付给奇思工厂，同时奇思技术团队对相关供应商进行技术协助；第二阶段再逐步过渡到复杂的模组化，此方式既将受影响的供应链风险降到最低又兼顾了供应链合理的改善周期。

第三步（研产协同）

正在开发过程中的项目由研发团队跟生产技术团队进行技术评估，通过变更流程将部分简单模组导入到供应商中。

第四步（全生命周期管理）

通过产品的生命周期类型定义平台化产标准，围绕平台标准新立项的项目立即展开组件研发跟平台化研发。

第五步（深度挖掘）

研发团队跟生产技术团队立即着手挖掘试点机型中可优化的空间，围绕平

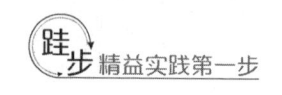

台化和模组化的开发目标，通过结构设计跟工艺设计的优化来实现精益开发。

经过多轮的优化改进后试点产品累计集成了 8 个模块组件，这不仅减少了组装这 8 个模块组件的人员，更重要的是优化了整个组装的流程，提升了生产效率。

设备小型化，工装治具简单化

在过去生产的项目中产品生产制造需要使用多种类型的设备、五花八门的工装治具，甚至要用到许多中大型设备，时常会听到以下这样的抱怨。

生产主管：

某某治具又出现异常影响生产，设备工程师需要立即过来处理……

某某机器又损坏了不能正常使用，设备工程师……

这个设备太大，员工不好操作快点给出优化方案……

……

设备工程师：

产品已经设计成这样了我还能怎么做？

产品在开发验证阶段设备就已经定型了，而且也是验证没问题的，为什么到了量产就会出现各种问题？

……

生产过程中频繁出现设备异常，生产部不惜代价忙于赶工，技术部忙于救火，傻大笨粗的设备导致生产现场各种各样的不良品层出不穷，对于生产部跟技术部来说这都是一场身心俱疲的噩梦，对于企业来说更是一场灾难。

在项目推行初始，奇思便确立设备小型化的目标，在工艺设计阶段就需要充分考虑设备是否能满足柔性化标准、是否能满足人机配合需求、工装治具是否足够可靠、前后相关联工序的工装治具是否能集成在一起减少作业动作浪费、人员操作是否简单便捷易用等。之后，在经过相关的工艺评估跟风险分析后再进行设备选型以及工装治具的设计，以此来简化生产作业的复杂性。

柔性工艺设计

所有的企业都在追求精益的柔性生产工艺，即采用灵活的工艺和技术，使生产系统能够适应不同产品的需求和变化以提升生产的灵活性、适应性和效

第四章 精益业绩

率，从而提升企业的竞争力。很多制造企业都存在这种问题，新产品在开发验证阶段技术部经理安排某一位工程师并由该工程师跟进项目后就没下文了。项目做得好与坏都是一个人在跟进，自始至终参与项目的其他相关人员寥寥无几，到了成果验收环节不出意外的话都是各种指标未达成，导致新产品在转量产后异常频发，甚至导致停线，最后需要通过大量的人力、物力跟资金来弥补损失，对于企业来说这是不被允许也是不可接受的。那奇思是通过什么管理方法来实现在新产品的导入阶段就推行柔性化跟质量控制方案呢？柔性生产方案又是怎么设计出来的呢？

在项目立项之后，奇思就针对新产品的独特性指派了经验跟技能匹配的新产品导入工程师（NPI），由 NPI 牵头组织工厂内部的项目组，其中人员涵盖了生产、品质、生产计划与物料控制（PMC）、采购等职能部门相关人员，如图 4-21 所示。

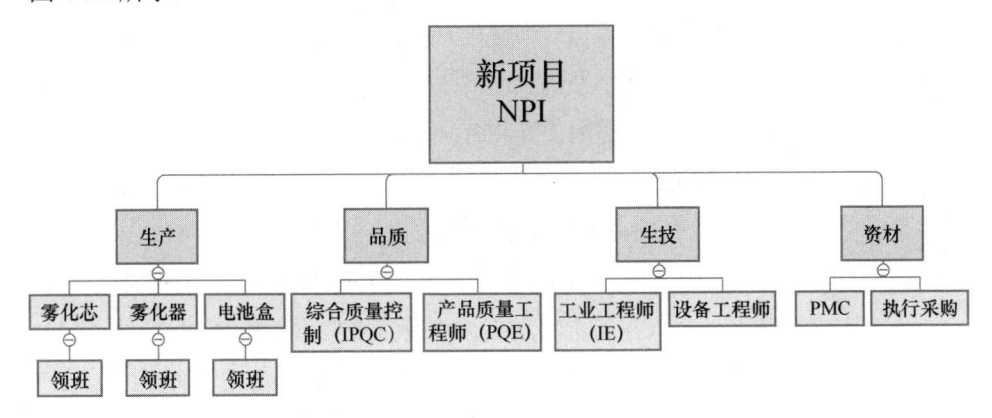

图 4-21 职能部门相关人员

第一步

在评审阶段奇思技术团队制定以精益制造为目标的行动方案，新产品在设计阶段开始由 NPI 协调制造端相关方参与新产品导入过程评审，根据评审结果跟研发团队探讨需求可控的解决方案并对改善方式采用风险管理策略。

第二步

样机在试制阶段开始采用精益 731 方法来研究生产工艺设计，由 NPI 根据产品的结构设计跟装配顺序组织项目成员进行精益方案设计。

第一轮方案设计，项目成员对产品的装配顺序进行动作分解，根据测量数据进行工艺流程设计，围绕人力投入、线平衡、UPPH、物料布局、设备成本、作业连贯性等维度输出 7 种可行方案。

方案设计完成后由 NPI 带领项目成员进行方案评审，每个方案围绕 UPPH、人员投入、设备成本、作业连贯性、方案平衡等维度进行打分，根据项目成员的综合评分结果选出最优的 3 个方案进入到下一步的工艺设计的可行性验证。

第三步

对 3 种工艺设计方案再进行模拟验证，此过程由 NPI 主导，研发工程师（RD）、质量保证工程师（PQA）、工业工程师（IE）、工艺工程师（PE）、产品质量工程师（PQE）、设备工程师共同参与过程验证，以精益原则为基础对方案进行实践和评估，根据现场实际的验证结果评估工艺方案的优缺点，结合验证结果将 3 个项目的优点聚集重新输出一个最优方案。在经过采用精益 731 方法选出最优方案后，在制造过程中逐步细化生产工艺要求，团队可以更好地了解产品的复杂性，准确识别每个步骤所需的资源和解决方案。这种方法有助于提升制造流程的目视化、可理解性和操作性，从而促进生产效率和质量的改进。

基于精益 731 方法渐进式地选出的最优方案，在跟奇思的技术主导人员进行交流后，相关主导工程师谈到了此次采用精益方法后的感受。以前都是 NPI 自己一个人出方案、一个人在跟进问题点，不管有多努力对于 NPI 来说一个人无法彻底解决产品质量问题跟生产工艺问题，导致虽然很努力地在工作但是最终的结果并不理想。现在的精益模式在验证阶段通过调动团队的力量，所有相关方都参与识别问题跟方案可行性评估，能够更加全面、更加系统性地在这个过程中碰撞出更优的方案，通过这种方法可以解决产品的绝大多数问题，提升了生产工艺的成熟度。因为这个过程需要项目成员共同努力，所以提高了团队的协作效率和问题解决能力，为产品质量和生产工艺的改进提供了有效的方法和途径。

第四步

为了促使工艺设计的问题能够得到更充分的暴露，奇思技术团队对新产品的试产模式又动起了手术刀。在试产阶段，把新产品从原来的试产车间样板线转移到了生产线进行试产验证，通过场地的调整来论证工艺设计跟生产需求是否匹配。项目相关方根据验证结果分别输出各自领域需要改善的问题点，通过团队共识后输出有效的改善方案。通过这种调整可以促进团队合作，提升产品设计的可制造性，加快问题解决和改进的速度，为最终实现产品的高效、高质量生产提供技术支持。

质量控制

质量是企业的生存之本，奇思在新产品导入进行精益变革中依然遵循质量优先的原则，特别是通过精益变革后的模组化推行对供应链的交付质量提出了更高的要求。对奇思来说，在精益变革期如何在不影响原材料交付的同时又能保障交付的质量将是一大考验。在新产品开发阶段为了确保产品能够满足质量要求和用户期望，质量部根据产品技术要求制定了明确的质量目标和标准，通过对齐供应链跟制造端的标准，围绕质量目标和质量标准制定详细的质量控制计划，以确保在供应链中的各个必要环节进行质量控制。在实施环节对质量问题的处理上秉承着尽早发现、尽早纠正的原则，一旦发现质量问题工厂会立即采取应对措施，确保问题不会进一步扩大。同时与供应链中的相关方紧密合作，快速找到问题的根源及时解决，并采取有效的措施预防类似问题再次发生。通过质量前置和质量控制计划的实施，以及数据分析和监控的手段等组合拳协助解决供应链交付质量的难题。研发试产质量控制流程如图 4-22 所示。

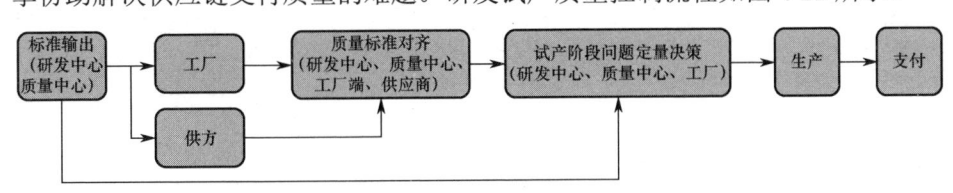

图 4-22 研发试产质量控制流程

异常在舞蹈，生产在咆哮

经常会听到生产部反馈：

"这个异常发生后，找不到对应的人员处理；或者现场处理人员搞了很久也没有处理好"等类似的反馈。

技术部也觉得自己很冤：

"试产验证阶段是合格的，产品跟工艺都达到了量产标准，量产后的工作已经交由工艺工程师来协助完成，应该根据具体的问题点寻求品质部的介入。"

品质部：

"你们技术人员在前期没有充分识别产品风险，问题点没有有效解决，什么问题都留到量产处理，量产的质量要怎么保障？你们觉得品质的工作没做好那你行你上。"

在精益项目没有推行之前，奇思的新产品导入过程中，对于新产品导入工程师的职责定位基本都是从参与新产品开发阶段，到验证阶段，再到试产阶段，把整个验证流程走完、把转产资料交接完成就算结束，剩余的工作由生产团队完成，技术部的阶段性工作就算完成。这种工作模式跟工作职责定位看似乎非常合理，但等到产品量产正式上线生产的时候，经常会出现各种各样的问题，更可怕的是问题出现以后各个职能部门相互扯皮推诿，不仅影响产品质量，对生产计划的完成的影响也很大。

通过上述问题描述，不难发现这种工作模式的背后隐藏着一个管理上的漏洞，管理上缺少一个串联前后端跟生产有关环节的负责人，在生产这个层面上没有做到协同作战。

奇思通过推行新产品项目制，来解决信息没有串联，前后端没有衔接的问题。

第一步

调整新产品 NPI 的工作职责，赋予 NPI "项目经理"的工作责权，由 NPI 主导项目从验证到首批量产的全过程。

第二步

授权给 NPI 团队，凡是自己跟进的项目遇到问题或者阻碍，他们都有权调动厂内的项目资源并建立了问题升级制度，如相关问题的责任人不在岗或者不配合则可直接调动职能主管，职能主管不在岗或者不配合则可直接调动职能经理。

第三步

新产品在首批次订单生产过程中，NPI 将作为新项目首批次量产交付的第一责任人，需牵头主导生产反馈的每日异常站会，协调项目团队跟相关方推进问题改善，为首批订单的最终交付结果负责。

通过工作职责跟工作模式的调整，奇思用最熟悉产品的人全权主导项目从设计阶段到量产交付的工作，为 NPI 赋予类似项目经理的权力和职责，负责组织、协调、监督项目成员推进项目进度和问题跟进,以确保项目保质保量按时完成。通过这样的职责调整不仅发挥了人才的专业优势还解决了项目管理问题,同时还保障了企业项目收益又促成了个人成长的双赢管理目标,让听得见炮声的人指挥战争。

效能暴走

精益 3P NPI 项目在经历了 3 个月的改善推行后,奇思项目团队萃取了多种适合奇思的精益工具跟方法,用精益方法试点的两款产品收获了显著的成果。经过改善后 G0019 生产效率提升 33%,设备投入成本下降 84%;GS0236 生产效率提升 62%,设备投入成本下降 82%,如表4-9 示。

表 4-9 精益 3P NPI 项目目标完成

精益 3P NPI 项目指标			
类 别	生 产 效 率	产品合格率	设备投入成本
GM0019 类	提升 30%	大于 98%	降低 30%
GS0236 类	提升 30%	大于 98%	降低 30%
精益 3P NPI 实际完成情况			
类 别	生 产 效 率	产品合格率	设备投入成本
GM0019 类	提升 33%	98.62%	费用降低 84%
GS0236 类	提升 62%	99.48%	费用降低 82%

在此次的精益项目改善后,奇思优化了工作流程使得整个开发过程更加流畅和高效;通过项目制的变革调整了工作职责,明确每个工作岗位的职责和权限,使项目成员能够更好地合作和协调助力提高团队的整体协作能力;还将精益思想和方法融入新产品开发的各个阶段,通过使用精益方法和工具来识别和消除浪费,从而提高了生产效率并降低了产品开发中的风险。最终,通过这些改变和调整来提高产品的质量和生产效率,为企业带来持续的收益和竞争优势。

拆掉 80% 货架

经过车间精益线体的全面推行展开,以及产品精益 3P 设计的推行落地,奇思在精益之路的推行中已经取得了非常大的收益。但执行生产精益线的全面覆盖仅是工厂精益运营的一部分,而支撑到精益生产最关键的物料配送便是我们接下来要重点研究和攻克的对象。

钱都放到仓库去了

奇思的高层领导每次去车间和仓库后，出来的心情都显得比较沉重。让高层领导心里面担忧的是看到车间和仓库一排排的货架放满了物料。如果这种巨大的物料投入资金不能实现快速周转的话，则将带来非常大的运营风险。

奇思 2022 年的材料库存金额，如表 4-10 所示。

表 4-10　奇思 2022 年的材料库存金额

时间	2022 年 1 月	2022 年 2 月	2022 年 3 月	2022 年 4 月	2022 年 5 月
材料库存金额（万元）	2862	3026	3463	3439	3381

如此巨大的原材料库存数量，足足使用了一个 3500 平方米的仓库进行存放，仓库的现场货架堆积如山。高额的库存原材料资金占据了月度出货产值的 35%，这是高层领导最为关注的地方。

同样生产车间也是原材料藏匿"罪恶"的地方。2500 平方米的生产车间，原材料放置货架达 40 个，满车间的原材料着实让人担忧，如表 4-11 所示。

表 4-11　生产车间的材料放置

NO	生产车间	车间原料数量（套）	车间物料在制天数
1	组装一车间	4.6 万套	2.3 天
2	组装二车间	29.5 万套	2.57 天
3	包装车间	32.5 万套	5.76 天
	合计		3.56 天

鸡蛋要孵出小鸡，不能成为臭蛋

管理中经常会把物料投入生产成客户需要的成品比喻成鸡蛋孵化成小鸡，呆滞在仓库的物料则便是"臭蛋"。奇思的高层领导对目前仓库超高的物料库存的降低也给出了新的管控思路。严格控制物料放置货架，让高库存物料的"罪恶"无处藏匿，迫使管理者对精益物料的推进来降低物料库存。高层领导也多次在生产现场的精益推进中提到精益是一门系统的学科，要从整个价值流上去做全面精益改善。下一阶段推行"精益物料"的里程碑目标则是拆掉 80% 的货架。

车间主管的烦恼

我和厂长每次进到车间后,总是会对生产经理和生产主管进行灵魂式的拷问:

车间的货架为何这么多?车间成了仓库了。

车间地板上为什么到处都是物料?

货架上的物料为何没有标识,多种物料为何放在一起?

这些物料都是今天要生产的吗?

……

之前仓库的发料模式按工单发料。经常性出现几天的生产工单量一次性发料到车间导致车间存放几天的物料;或者一些工单的物料差1~2颗物料没有到时则其他的物料全部堆积在了车间。"车间成了仓库"也就在所难免了。

许多生产管理人员置身于车间现场的管理当中,对目前的发料模式导致的车间批量物料的存在要花费很大的精力去应对管理。同时要应对"QCD"的结果输出。然而高层领导对车间物料的状况不满意让生产管理者感到身心疲惫。

生产基层管理人员的抱怨

奇思一厂的产品订单结构 80%为多品种小批量,这就牵涉线体转线频繁。生产基层管理人员应对转线时经常需从车间成堆的物料中找到下一个要生产的工单的物料,这将花费他们大部分的时间,同时也会出现物料上错的事故。这必然会带来生产效率的低下和品质风险。生产基层管理人员对此则是夹在矛盾之间,束手无策,心里抱怨的情绪也就自然触发。一切的问题也就顺其自然地归结于车间物料的库存问题。

员工的诉说

奇思在做走动管理时,要求管理者深入一线员工,听听员工的声音。在很多次的与员工的交流过程中员工都表示"我做岗位工作很专业,希望不要让我自己去找物料"。

产线物料的配送没有规范,没有通过精益物流方法论进行设计,物料的配送想要非常顺畅不大可能。对于在生产过程中某个岗位的物料能用到什么时候管理者一脸蒙。员工有责任心的则会自己到处找料,而一般员工则会在工位上等待。结果产能不达标,延长上班时间。

车间瘦身行动

减少库存物料,拆掉货架从一线车间开始。想要让车间的物料库存降低,则核心还是要让物料的配送效率提升,加快配送频次。这样才能在减少车间库存物料的同时,保证生产计划的顺利进行。

让物料配送员少走几步

物流的设计首先要考虑物料配送的路线,配送距离越短,则配送效率越高。奇思首先对原材料的库位与车间的配送路线做了详细的数据分析。根据现状进行了物流配送的重新规划。在规划原则中考虑原材料配送距离最短原则,则对组装/包装原材料的仓库位置进行了调整。最终,使配送距离和时间缩短90%,而车间也就不需要担心物料的供应问题影响生产线停线了。

仓库配送流程的变革

往往很多企业在物料的发料过程中存在非常烦琐的交接手续,这便使物料的配送效率受到很大影响。

跟仓库仓管员和生产的物料员聊了关于物料交接的事情后,发现大家都知道过程中最浪费时间的是物料交接。因为要相互核对工单物料种类、核算物料数量,再加上在配送过程等待的时间浪费,这就大大降低了配送效率。

奇思在研究配送效率的时候,着重对物料的配送交接次数做了详细分析,同时对配送的流程做了变革,简化了整个物料配送流程,如图 4-23 所示。

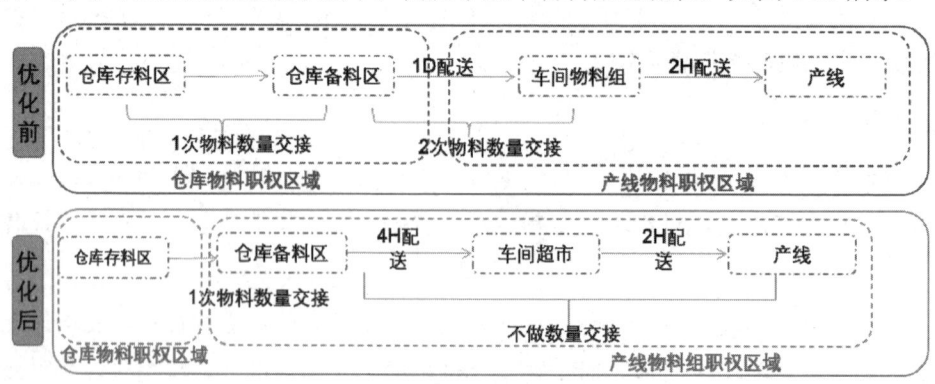

图 4-23 简化了的整个物流配送流程

整个流程优化后，数量交接只进行一次，取消了后面两次的数量交接（数量交接是最耗时的部分），直接结果是配送效率提升 50%以上。配送人员也大幅度减少。采用新的流程后，物料员从 54 人减少到 24 人，减少了 30 人，占比 55.6%。

做值得信赖的计划

在执行生产任务中，经常会出现排下去的生产任务，到了生产的时候却发现 BOM 套料内差一颗或几颗物料没有到，从而临时变更计划，临时备料上料。此时作为执行单位的管理者便会有各种抱怨。不齐套的物料堆积在车间，同时生产效率的损失也是非常大的。当这样的事频繁发生时，生产管理人员也就对计划员失去了信息，失去了信心。计划员也只能受着委屈。

生产计划的保证是一个非常系统性的工程，涉及供应商交付及不及时、仓库收料及原材料检验的进度管控、质量问题的处理、物料齐套等方面。为此我们拉通了生产计划、仓库管理系统及供应商管理系统，设置了预警提前时间，确保紧急物料问题被第一时间处理和应对。这样我们的生产计划就有了物料的保证，另外，我们对生产计划进行锁排（目前锁定的时间是 3 天），锁排期内的计划一般情况下，不能变动。当大家都按照这个要求来操作时，发现生产任务的执行非常顺利，生产计划的变更次数也就少了，车间物料库存也就控制下来了。这就是我们需要的值得信赖的计划。

为每一颗物料做安排

实现精益物流则必须要非常了解产品的每一颗物料的所有信息，这也是给产品可靠有序的生产过程奠定基础。在精益物流的推进中，一般认为通过 PFEP 能促成可控库存物料的减少，PFEP 也是建立精益物流系统的第一步。

奇思在做车间的精益内部物流时，对产品所有的物料进行了分析，通过 PFEP 对每一颗的物料制定配送方式和配送计划。

PFEP 表（见图 4-24）中根据产品的标准产能，制定出每一颗物料的标准配送容器、配送时间和配送频次。这便让车间的物料配送者很清楚地知道自己要干什么，要怎么干。同时车间管理者也能很清楚地知道车间的物料配送状况，心里面也就有底了，不需要囤几天的物料在车间里面，也不担心生产线因

序号	基本信息									包装规范					存储规范			配送规范			
	零件编号	供应商	供应商所在地	来料检验方式	工作时间(每天)	工作天数(每周)	运输工具	承运人	供应商表现(准时率/波动率)	生产线数量	每天用量	EPEI	产品用量	单位重量(kg)	最小包装(MPQ)	物料尺寸(mm)	包装类型	安全库存	最低水位	最高水位	容器型号	配送路线	供应类型	配送基数(车/货箱)	前置时间	配送时间	配送频次
1	A0001	方正	珠海	抽检	10	7	货车	顺丰	90%	5	10000	200	1	0.05	100	85*20*20	吸塑盒	20000	40000	60000	1#	路线1	JIT	20000	7	1	0.5
2	B0001	当纳利	东莞	外检	10	7	货车	供应商	80%	5	10000	200	1	0.02	1000	50*12*1	纸箱	20000	40000	60000	2#	Milk run 路线1	DLN	20000	7	2	0.25
3	C0001	深圳	深圳	免检	10	7	货车	货拉拉	70%	5	10000	200	2	0.001	10000	15*8*6	包装袋	20000	40000	60000	3#	Milk run 路线2	VMI	20000	7	2	0.25

图 4-24 PFEP 表

为物料供应问题导致停线。

我们的车间空了

经过 4 个月的精益内部物流项目的推行，车间物料库存状态发生了翻天覆地的变化，再也不是原来仓库式的生产车间了。

车间的物料库存天数由原来的 3.6 天直接降低到 1 天，如图 4-25 所示。这是一个非常不错的改善成效，车间存放物料的货架也同样由原先 40 个降低到了 10 个。车间货架直接拆掉 75%。

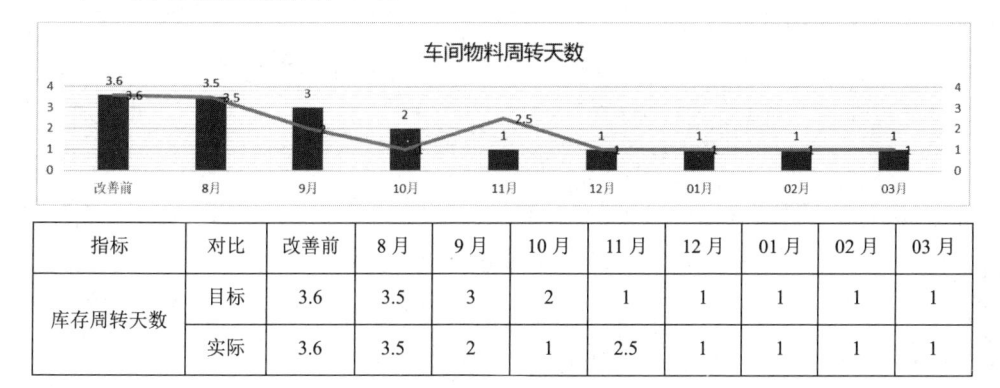

指标	对比	改善前	8月	9月	10月	11月	12月	01月	02月	03月
库存周转天数	目标	3.6	3.5	3	2	1	1	1	1	1
	实际	3.6	3.5	2	1	2.5	1	1	1	1

图 4-25 车间物料周转天数

改善很多时候都是连锁反应的。车间拆除 30 个货架，在空间利用方面是我们继续改善的方向。在拆掉货架的区域增加精益生产线，使一个车间的精益生产线由 59 条增加到 72 条，增产 20%。工厂单位面积产值指标同样得到提升改善。

仓库减配思维

车间端的精益物流的推行收到了不错的改善效果，但这仅是这个物料体现的一段，库存的最大部分还是在原材料仓库。我们要做到 80% 的货架拆除，对原材料仓库的管理模式务必是要实施重大变革，要转变推行模式。

在市场消费变革和智能制造驱动下，大部分企业的订单模式为小批量多品种的业务模式。这种业务模式导致了物料供应链的供应灵敏度提高，这就要求供应链各方的信息要协同。原材料的供应作为生产的输入端，原材料仓库需要根据生产节拍及时供给相应的物料。在此种业务模式下，很多企业便提出可以通过原材料 VMI 管理模式来管控整个原材料库存。

奇思的库存原材料金额持续维持 3000 万元以上，在如此严重的库存压力下，原材料库存管理模式则需进行变革。希望通过仓库管理模式的转变降低和控制整个原材料库存（供应商端和奇思仓库的共同库存）。

推行 VMI 管理模式，如何消除供应商的顾虑

VMI 管理模式虽是一种被普遍运用的供应链管理模式，但在企业的实施效果并没有预期的那么好。这是因为企业对 VMI 管理模式的认知存在一定的误区。VIM 管理模式必须建立在与供应商相互信任的基础之上，才可逐步推行。

奇思在推行 VMI 管理模式时，首先必须要与供应商建立协调关系。最好的方法是先找一、两家相对优质的供应商做试点运行，再总结一套行之有效的推广方法。在首次与供应商就 VMI 管理模式进行交流探讨时，我们发现供应商心里存在对 VMI 管理模式运行的一些疑问和误区：

- VMI 管理模式是不是向供应商转嫁库存与成本的工具？
- 将库存转变给供应商，呆滞物料的成本谁来承担？
- 原材料的仓库管理，会加大供应商的管理成本吗？
- 推行 VMI 管理模式，供应商能有什么好处？

……

当没弄清楚 VMI 管理模式的核心理念时，供应商有以上的这些顾虑不足为奇。那么必须要双方对这种管理模式进行深入交流探讨。

我们是值得信赖的伙伴

与供应商要能长期协调管理，最直接的方式是要让供应商能看到长期持续的业务增长、运营风险可控、自主掌控的信息流。

奇思在对整个推行 VMI 管理模式的供应端进行了细致的考量后，根据同类别材料的供应商的综合能力评估，有意识地选定部分优质的供应商（在交付能力、质量、公司运营状态等）来合作推动 VMI 管理模式。这些供应商也将成为奇思的长期合作伙伴，而对于其他的供应商也将慢慢削减订单份额，甚至后续不再与之合作。自然这部分的订单份额将增加到公司的长期合作供应商处。最后，和奇思合作的原供应商从 130 多家缩减到了 30 多家。此时，致力推行

VMI 管理模式的供应商看到了这确实能促进业务的长期稳步增长，自然非常愿意跟企业协同推行 VMI 管理模式。

一般来说，VMI 管理模式要服用于原材料的库存管理。这里要明确一点，模式改变前的库存不单是企业的库存，应该是企业和供应商共同的库存。整个供应链原先是企业仓库库存和供应商库存同时存在。现在需要将两堆库存变成一堆库存，供应链上的节点变少，总库存数量变少，总库存成本变低。所以库存的降低是双方互利的。然而在新的管理模式推行后，库存即客户的库存，而不是供应商的库存，只是物料库存是由供应商按库存实际消耗来进行补充和管理的。在与供应商签订的《供应商管理库存（VMI）协议》中明确了库存物料的责任归属，这让供应商吃了一颗定心丸。

在推行 VMI 管理模式之前，信息都是围绕订单在流动的，每一张订单都要确认交期、单价、数量、交付、验收入库，N 条订单就有 N 多条信息流，供应商要花很多时间来管理。建立了 VMI 仓库管理信息系统，供应商可以确切地知道客户现在手上有多少料，昨天用了多少，前天用了多少，上个月用了多少。信息的互通使供应商可以自行安排生产补货，这样供应商端的生产计划也就更灵活，生产成本会更低。同时这种公开透明的供需信息更是增加了相互合作的信心。

奇思在第一批选了 3 家核心供应商导入 VMI 管理模式，因为是本着长期合作、计划协同的原则进行的，所以导入过程非常顺利。

奇思在推行 VMI 管理模式时的成功试点，促使供应之间加强了交流，在了解到导入 VMI 管理模式后能够使合作双方长期稳定地发展后，很多家供应商主动找到奇思采购部要求导入 VMI 管理模式。最终，奇思只用了 3 个月就完成了 80% 的供应商 VMI 管理模式的切换。

老板笑了

精益物流的全面推行，让生产时的物料补充的反应速度加快，同时降低了库存。转变为 VMI 管理模式后，它独特的信息流通过库存水位循环周转的方式来指导库存物料的补给。这将最大限度地消除浪费、降低成本、降低库存周转率。

奇思经过精益物流的推行，原材料库存大大降低。库存的原材料金额由 3300 多万元下降到 273 万元（见图 4-26），库存金额消减 94%。库存物料减少，仓库的货架同比拆除 90%。里程碑的目标达成。

月　　　份	6月	7月	8月	9月	10月	11月
材料库存金额（万元）	3381	2096	1530	875	600	273

图 4-26　奇思原材料库存金额表

减掉 1 个亿库存

让人又爱又恨的库存

2021 年奇思制造的产品热销，研发与销售团队开始大干起来，研发团队推出十几款新品、上百种机型投放市场，销售团队大胆预测要求生产团队开足马力，备了 3 个亿的库存以便快速抢占市场。部分热销产品虽备有一定的库存量，但仍然供不应求，于是各区销售团队成倍增加了预测备货，但也有少部分新品因首推市场认可度不高导致滞销于仓库，库存一度上升到 3.5 个亿，又突然受市场形势减缓影响，各区订单量有所降低，订单预测准确率仅仅只有 50%，最终导致 2021 年底积压了超 3.2 个亿库存。总经办商讨决策从按预测生产（Make To Forecast，MTF）模式向按订单生产（Make To Order，MTO）模式转型，严禁生产超过订单以外的成品，同时严禁采购订单外的物料，要求遵照不能多买和不能多做的原则，全部按单采购和按单生产。2022 年第一季度在充足的库存加持下，订单准时率还能基本维持在 90% 左右，库存持续消耗下降到 1.3 个亿左右，其中呆滞库存占比达到了 40%，大部分流动库存慢慢消耗见底。就在公司各层级还享受着库存下降带来的成就时，业务订单量又突然上涨，按订单生产模式短时间内无法满足大量涌来的订单生产，整个供应出现了严重断层。各区销售团队内部开始哄抢货，导致产能分配不合理，大量订单延误，订单准时交付准时率曾低于 45%，制造端面临着大量代理商客户催单。此时大家又意识到没有库存的烦恼。奇思精益项目团队以解决这个矛盾为目标，成立拉式生产项目组，目标是在确保订单准时交付率不低于 98.5% 的情况下，库存也要同比下降 30%，以便释放资金为公司扩大产能和规模。项目团队一开始就迷茫了，因为按预测生产会产生大量呆滞库存，按订单生产供应链又无法满足多品种小批量的生产订单，无法准时交付。库存与交付如何取舍？能否两者都能满足？多少库存是合理的？哪些是要预备库存？哪些又不能备库？呆滞库存该如何处理？摆在面前的问题给项目团队带来前所未有的挑战。

把危机转化为机遇，让库存活起来

项目团队在顾问专家指导下，首先对市场消费者进行心理分析：平时消费者都会挑选自己心仪的产品，而在心仪的产品断货买不到的情况下，也会降低自己的要求购买一些打折促销的产品来短期应付一下。所以奇思与销售团队、代理商共同策划了一系列的促销活动，部分之前的滞销产品在促销让利活动中也逐步清理完了。奇思借机把之前呆滞的半成品和原材料也按配套组装形式推销了出去，最终呆滞库存金额同比下降 78.5%，呆滞库存控制在 8%以内，90%以上的库存都是有需求的，实现了让库存活动起来了。

库存先进先出管理，从源头控制呆滞产生

过去奇思没有仓库管理系统，拣料全凭 ERP 货位查询，物料存储也是采用高位货架存储方式。仓库拣料人员会从就近的一个货位拣料发货，就算同一货位上有两个不同生产日期的物料时，员工也会拿上面的物料发货，导致先进先出管理执行不好。之后，奇思通过上线 WMS 系统，实现拣料系统按先进先出原则把先生产入库的批次货位推送给拣料员；通过在硬件上导入流利式货架上架与拣料分离系统，实现同一货位按先进先出拣料，同时在管理上对库龄进行管理，定期检讨分析，将违反先进先出管理的行为列入绩效范围，提高拣料员工的执行力。最终，奇思从硬件系统和流程管理两方面同时着手，实现库存按先进先出管理，防止物料超期呆滞，呆滞库存持续维持在 8%以内。

ABC 物料分类，控制好高价物料，成品库存再降 3000 万元

经过顾问专家的指导，奇思对过去一年的订单、库存、出货数据进行分层分级全面分析，发现过去 80%的销售额集中在 20%的产品上，80%原材料采购金额也集中在 20%的物料上，完全符合了 80/20 原则。考虑电子消费类产品市场波动大、产品生产周期短等特点，把物料以累计金额高低排序，结合客户数量分别按 A、B、C、D、S 分成了 5 类（见表 4-12）。针对 A 类高价值且需求量大的物料，库存水位设置 5 天，通过快进快出使库存资金流转更快，成品库存金额直接降低 3000 多万元，同时给客户更短的交付周期，实现 7 天内交付；而 B 类客户数量少或者每次订单量小波动大的物料库存水位设置 12 天，库存可以缓冲一定的订单波动，基本上 15 天能交付给客户；C 类物料属于少量客户有需求或者每次订单量很少，以及客户有定制需求的，设置安全库存有大的呆滞风险，因此不设置安全库存，接到订单时与客户协商按实际的制造周期来交付，基本上是 30 天左右交付；D 类物料属于零星有需求的，而且每次订单量极少，只有个别终端客户有需求，公司及供应链因最小生产批量会产生大量呆滞库存，所以采取的方式是引导客户购买 A 类热销产品，内部走退市和清理库存流程；S 类物料属于下市机型的，内部对成品、半成品、原材料等专属物料进行全面冻结，防止新增加，实施只销售不制造措施。通过 ABC 物料分类管理，不同物料按不同价值流管道化运作，用更少的库存、更快的交付周期来响应市场。

表 4-12　库存 ABC 物料分类标准

物料分类	物料分类原则	水位设置	交付周期
A	1.占销售额 64%的高需求物料； 2.占销售额 64.1%~95%的需求物料，客户数量超过 30 个	过往 12 个月日均消耗量的 5 倍（5 天）	7 天
B	1.占销售额 64.1%~95%的需求物料，客户数量超过 11 个； 3.占销售额 95% 以外的需求物料，但客户数量超过 50 个	客户数量超过 50 个的品号的过往 12 个月日均消耗量的 12 倍（12 天）	15 天
C	1.占销售额 95%以外的； 2.占销售额 95%的需求物料，但客户数量少于 10 个	不设水位	30 天
D	过去 12 个月平均出货小于 30 个的需求物料	不设水位，退市清理库存	
S	系统已设置下市的需求物料	不设水位	

建好"库存三线"，从推式生产走向拉式生产让库存可控

物料按 ABC 设置了库存水位线，这只是设置了一个库存的最高水位线，有了高水位库存线就可以按水位线去设计相应的库位了,当库存达到高水位线时可以对前面补货"喊停"。项目初期计划员经常会遇到一个问题——库存到高水位了是否还要继续生产?客户订单总量的需求是远远高于高水位的库存的。因为奇思仍然是采用了过去按订单生产的模式,主计划、生产计划、物料计划、采购计划都按原来的推式生产运作,各流程和环节都是独立按计划去执行的,前端生产按计划排产生产入库,导致中间出现大量的原材料、半成品、WIP 在线库存,所以即使有库存高水位线设置也无法控制在相应的水位线内。那如何从推式生产走向拉式生产呢?把库存控制在高水位线呢?拉式生产的定义是按客户需求生产,它是要生产按消耗来补货的,而补货不能超过高水位线,当库存达到高水位线就要停止生产。生产从哪里得到这个补货订单的信息呢?每次补货量是多少合适呢?经过顾问专家的指导,先给成品 A 类产品设置一个低水位,当库存消耗到低水位时,系统自动生成一个需求给到组装线,需求量等于高水位减去低水位。这样成品库存基于客户订单消耗产生需求,库存超高水位线问题终于解决了,团队开始庆祝库存进入了可控状态,正式告别推式生产进入拉式生产时代。然而随着部分订单需求波动和增加,团队发现前端生产供不应求了,导致库存消耗产生的需求还没有补给到,客户的订单持续在消耗中,导致许多成品库存都为 0 了,甚至订单交付出现了延误。这时候安全水位线应运而生,结合奇思的供应链能力,设置了 1 天的库存消耗量作为安全水位线,当库存消耗到安全水位线时,对应料号的工单则列为急料工单,系统会自动把计划置顶,车间会优先安排生产并及时入库,所有需求的物料则列为急料,物流走应急流程和"绿色通道",全流程做到 1 天内生产完成工单并入库。

砍掉工单"尾巴",标准的工单量让仓储物流更简单

高水位和低水位起初按 12 个月滚动日均消耗量作为基准值,再乘以相应库存设置的天数,总会带来一些尾数箱,例如:A 产品 12 个月滚动日均消耗量 463,成品的最小包装量(MPQ)为 100,高水位 5 天的水位量减去低水位 3 天的水位量等于 926pcs,也就是每次的生产量为 9 箱加上一个 26pcs 的尾数箱。每个产品都有这种带尾数箱,入库或交接时要一个一个清点,整体物流效率非常低。同样每个工单的原材料需求也都是带着尾数,在所有原材料的拣料、配送、上线各环节也都要一个一个清点尾数,仓库物料员叫苦连连。一天有位仓库拣料员跑到办公室当面质问计划员："你的水位是怎么设计的？为什么每个工单都有尾数？能否让我们按最小包装量（MPQ）发料？"于是项目组针对此问题又进行了深度的讨论，通过把高低水位差除以最小包装量向上取整，前面案例中 926pcs 向上取整数就是 10 箱 1000pcs，即每次工单数量是 1000pcs、原材料就是 1000 的倍数，再通过使原材料包装规格和工单需求数量相同，如工单需求 C 料 2000pcs，则原材料的最小包装规格就是 2000pcs，实现每次发料就发 1 整包或 1 整箱。最终，成品仓库存效率一下提高了 1 倍，原材料仓发料效率更是提高了 3 倍多。

超市化运作，半成品库存减半

由于市场需求不同的产品相互组合不同的套装，导致组装和包装的工单无法和订单一一匹配，形成一个流作业，中间就有半成品库存。精益原则里有一条关于不能建立连续流动的时候，在断点处建立超市，通过消耗拉动。然而团队从未有过工厂物料超市建设经验，有些项目成员甚至第一次听说工厂建物料超市，针对超市建设大家议论纷纷，物料超市和我们的生活超市一样吗？是否有关系？哪些物料是要建立超市？每个物料在超市里放多少库存？用什么形态存储？顾问专家带领项目组深入沃尔玛超市现场学习。走进超市，仓库的领班首先就提出了第一个问题——怎么超市没见到有仓库？通过询问得知原来超市是有个大仓库的，为了让客户在很小的超市选购区内从几十上百万种商品里挑选心仪的商品，就把仓库和选购区分离了。于是，大家知道了超市要做存拣分离，用很小的面积覆盖大量的物料，提高拣料效率。当走到生鲜区时，一位项目成员带着疑问去问理货员："你为什么会提前把猪肉切成了半斤左右并打好包装和价格？"理货员说："当大量客户涌入超市的时候，短时间内需要很多份猪肉。如果客户需要的时候再来切猪肉，打包装，打价格标签，客户就会排队等候，导致购物体验很差。"于是，团队也想到了生产线等待仓库拣料时会不停地催促和抱怨，有位项目成员提出来："我们也把一些拣料时的动作剥离出来，提前做，那样当生产线有需求时我们就会很快地拣出来送到生产线去了，如提前把外箱拆包转换成标准的容器并打印标签和绑定好数量，当生产线一有需求就直接拿一个容器盒扫描出库给到生产线。"回来后，项目成员对拣料动作流程进行分析，把能剥离提前做的作业全部做了，拣料效率直接提高了十几倍。当项目成员走到牛奶区时，一位项目成员问："为什么牛奶一般是放在收银台附近而不是其他区域呢？"现场的理货员说："牛奶体积大而且重，放在收银台附近可以使客户在马上要买单的时候再选购，以免在逛超市过程中都要带着一整箱牛奶。"一位仓库的领班说道："我们经常把大件物料放在仓库的最里面，拣料时搬运的距离就很远，员工经常抱怨工作强度大，效率又很低。其实针对这种高流量、高频次的物料应该摆放在离发货区最近的位置。这样拣料距离最短，员工的作业强度就降低了，效率也自然提高了。"当看到超市理货员不停地往货架上摆放商品时，一位项目成员又跑去询问了："请问您为什么不一次性多摆放点在货架上？这样您就不会一直补货了。"理货员说："如果每个商品都一次性多摆点货上去，那我们的超市要摆放几倍的商品量，超市的货架和面积都会是现在的几倍，客户就很难在短时间内选到心仪的商品。"大家回想到平时拣料的时候，在整个仓库中拣料一张单要花上几个小时，如果能多频次地补货到货架就可以在很小面积内拣好所有的物料，这样每位物料员的效率就可以提高了。

在这次超市之旅回来后团队经过几轮讨论，最终得出超市建设十六字箴言"存拣分离、剥离前移、高频集中、多频配送"，其中多频次的补货和配送给下游客户带来更少的库存，所以在超市水位设置时把补货的频次增加。最终，半成品库存通过超市化建设，库存金额减少了一半。

架起供应协同的桥梁，通过 VMI 将原材料库存减掉 90%

随着成品和半成品库存大幅降低，原材料的 3000 多万元库存金额逐步突显出来，同时供应商在抱怨成品仓爆仓仍旧不能满足奇思的物料需求。奇思组织核心供应商对库存进行数据分析，研讨对策。有些供应商提出：只要奇思把每天原材料的实际消耗数据信息传递给他们，他们就可以把握住长周期策略备货量，并且能有计划地安排好生产，做到用少量库存满足交付。但奇思内部销售、策采、制造、审计等部门多次讨论，认为把每天的消耗量信息给到供应商会有商业机密泄露的风险。此时，大家反思了几个问题："我们给供应商我们的提货计划是不是一样把我们的销售信息传递给了供应商？这些公司的核心供应商是不是我们的战略合作伙伴？我们是否要对战略合作伙伴有足够的信任呢？"最终，经过高层领导商议，只要是战略合作供应商就是奇思的伙伴，应该给予信任，当然同时还要有对商业机密外泄的风险管控机制。通过推行 SRM

系统与核心供应商打通信息窗口，同时使占 90%金额的原材料供应商导入 VMI 管理模式，这样供应商就可以获得 VMI 仓里实时出库数据信息，根据每天消耗量排生产计划。部分供应商直接把成品仓库存与奇思的 VMI 仓合并，从而减少了中间库存，并把奇思高、中、低库存水位设置方法和逻辑引用到 VMI 仓里，实现了拉动供应商生产的新模式。一次在供应商代表大会上，一名供应商代表说道："感谢奇思对我们的信任，VMI 是我们与奇思真正建立供应协同的桥梁，是我们从商务关系走向合作伙伴关系的象征。"这种双方保持高度的信任和密切的信息互通是精益供应链的基础。

通过业务分析建立不同业务分管道化运作，以 ABC 科学的分类管理方法有效管控高价物料，以客户需求为节拍设置可缓冲市场波动的最小可控库存量，结合高、低、安全 3 个水位线设计实现拉式生产模式。在流程断点处建立高效运作的超市，将上下工序有效串联起来。通过 VMI 建立紧密的合作伙伴关系，以信息互通为基础，以拉式生产为思想，以实际消耗为需求，降低供应链中间环节的库存。

人均产值倍增，高目标才有高业绩

奇思自成立以来一直深耕在为客户提供高质量的电子雾化器产品上，长期保持着稳定的销售业绩，2018—2019 年销售额约为 10 亿元，之后，没有更进一步的提升。这两年工厂运营管理相对比较粗犷，也未提出能够具体反映工厂运营能力的直接关联指标，人均产值大约为 52 万元/年。

如今受外部环境的影响，在市场竞争激烈的大环境下，我们的产品不再有较高的利润优势。如何保持产品的利润？唯有降低产品的生产成本，才能让公司在市场竞争中持续保持竞争力。以前我们评价一家公司做得好与坏，经常会问这家公司规模有多大，有多少员工，时下再用人多来衡量一个公司做得有多好，这显得十分的牵强，至少是不够全面的。

奇思在做 2021 年的战略目标规划时，直接给工厂下达了人均产值达到 100 万元/年的目标，主要指导思想是：不比人多，比人均，以效率论英雄。当这一目标下达到工厂时，绝大部分人对达成这个目标持怀疑态度。对标同行，做得最好的公司人均产值也才 83 万元/年，奇思直接定 100 万元/年的目标，很多人觉得这是好高骛远，但奇思高层领导对达成这个目标非常有信心，因为只有高目标才有高业绩。

奇思各工厂对公司提出的最新挑战目标进行了充分的讨论，并计划从工具方法论和管理执行提升两个方面进行提升突破以实现目标的达成。

奇思在实现人均产值的高目标中，主要通过精益化、自动化和信息化的有机结合（简称：三化融合），以及组织管理能力提高来实现业绩倍增（如图 4-27 所示）。

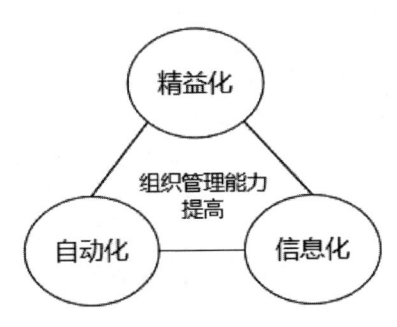

图 4-27 实现人均产值的高目标

精益化推行

精益作为奇思三大核心管理思想之一，对助力人均产值提升起到了举足轻重的作用。自 2021 年 6 月以来，奇思打破了传统的流水线生产模式，建立了新的精益线生产模式。奇思拆除了 36 条流水线体，建立了 165 条精益生产线，车间人力大幅降低，工厂人均产值从 74.4 万元/年提升到 144.7 万元/年，综合人效翻一番。

除此之外，精益线体的植入更好地实现了无差异化排产，减少了因调岗而造成的工时损失。原流水线的生产工艺，是按照一个动作一个工站来设置的，工艺排布冗长，工站数不受控制，主要原因：受产品的装配工艺复杂度影响，少则 20~30 个工站，多则需要 50~60 个工站。在原流水线的排产换型时，公司需要不断地去计算人力，拆东墙补西墙的场景随处可见。而导入精益线体后的生产工艺，可以使工站数岗位人数基本控制在 6~7 人，很好地解决了以往因工艺标准人力差异大而频繁做人员调度的问题。

推行产品模组化

在新产品设计阶段加入模组化结构评审，使 BOM 按照模组化受控，使精益线体生产模式与模组化有机结合。产品模组化有效地把产品分解为可模组化的组件及必要的结构件。我们向采购端提出自己的思路，要求采购对已经模组化的组件直接按照模组下单，这样不仅有效地减少了物料件的 SKU，方便了仓储管理，也更好地控制了厂内用工人数，大大降低了人工制造成本，更好地提高人均产值。

奇思从 2021 年推行产品模组化以来，对 72 个新产品进行模组结构评估，共计推进了 90 多个模组落地，其中 80%的模组实行采购直接下单买料模式，减少了近 220 人的人力数量，剩下 20%的模组因外发存在质量风险或因材料成本过高（供应链担心报废损耗大）而不得不在厂内自制。

产品模组化的推行效果显著，同时促进了平台化模组的发展。平台化模组是在产品模组化的基础上提出更高的要求，模组至少可以应用在 3 个机型才能称为平台化模组。一旦平台化模组得以实现，那需求量会成倍地增加，工厂可以针对平台化的模组实行集中采购，更好地降低原材料的单机成本。

自动化推行

随着科技的不断进步，机器人、自动化、人工智能等高科技工具被越来越广泛地应用于各行各业，传统的生产线自动化需要人力来控制和操作每一项生产过程，但是这种生产方式效率极低，又容易出错，影响了工作质量和生产效率。

很多企业为了迎合智能制造的战略规划，盲目地投资自动化项目，一条全自动化线，投资成本少则几十万元，多则成百上千万元，整条线的建设周期至少 3~6 个月。待到设备回厂，大家会发现曾经的主打机型早已物是人非，设备买回来还没有开始使用，其生命周期就已经结束了。然而，在雾化技术行业基本上使用的是非标设备，这有一个不好的特点：通用性差，改造费用大。那奇思也在做自动化，奇思是怎么做的呢？

奇思曾经也像很多企业一样，也走了一些弯路，投资了几条包装自动化线体，总成本投入大概在 700 万元，由于产品结构和包装的变化，这些自动化线体都没有正式投入生产使用过，就成为呆滞设备。奇思在失败的案例中吸取经验，总结出 3 条经验供大家参考：①不在标准化程度低的情况下搞自动化，先做标准化和精益化，再推行自动化；②充分考量产品的生命周期，做好投资回报率分析；③产品设计的标准化和平台化，尽量使用一些标准化或平台化的组件，如果做不到，也要在结构上采用类似的设计，让产品组装动作尽量相似才能最大限度地利用已有设备。

信息化推行

对现代企业来说，信息是一种无形财富、一种宝贵资源，是企业决策和指导工作的重要依据，也是科学管理的重要手段。基于标杆企业的成功实践和行业发展趋势，我们制定了奇思数字化转型路线图，通过自主研发与外购产品（见图4-28）的垂直整合，有序推动各信息化子系统建设。

#	自主研发 系统	主要模块	#	外购产品 系统	产品
1	SCM	订单协同、计划协同、财务协同、研发协同、合同管理	1	ERP	鼎捷·T100
2	SRM	采购寻源、供应商管理、绩效考核	2	OA	泛微·e-cology
			3	BI	鼎捷
			4	PLM	PTC·windchill 11
3	WMS	入库管理、出库管理、库内管理	5	CRM	纷享销客
			6	HRMS	人众
4	MES	生产过程控制、产品和物料追溯	7	招聘	MOKA
			8	培训	平安知鸟

图 4-28 自主研发与外购产品

自2019年以来，在总经办高度重视和业务部门通力协作下，奇思相继建立了面向供应链合作伙伴的供应链平台、面向内部的一体化业务平台（集研产供销管等系统），以及面向各级管理者的营运监控平台，实现了业务流、信息流、实物流和资金流四流合一，研产供销各环节高效协同。

随着精益生产的深入推行和大量自动化设备的导入，信息化团队也顺势在设备数据采集、安灯、ESOP、生产数据目视化等方面展开了大量的探索和实践。精益化、自动化、信息化三者互相支撑、融合提升，有效避免了信息孤岛和自动化孤岛，稳步地推进了奇思智能工厂的建设。

数字化时代已呼啸而来，大数据、云计算、物联网等新概念、新场景应接不暇，精益变革之路只有起点没有终点。我们将深耕流程，合理运用新兴技术，做好数据的挖掘、建模和运营，持续推进奇思的数字化转型，为公司经营目标达成、成本降低、生产过程管控和品质追溯等提供有力的IT支持和技术保障。奇思工厂业务流与信息流如图4-29所示。

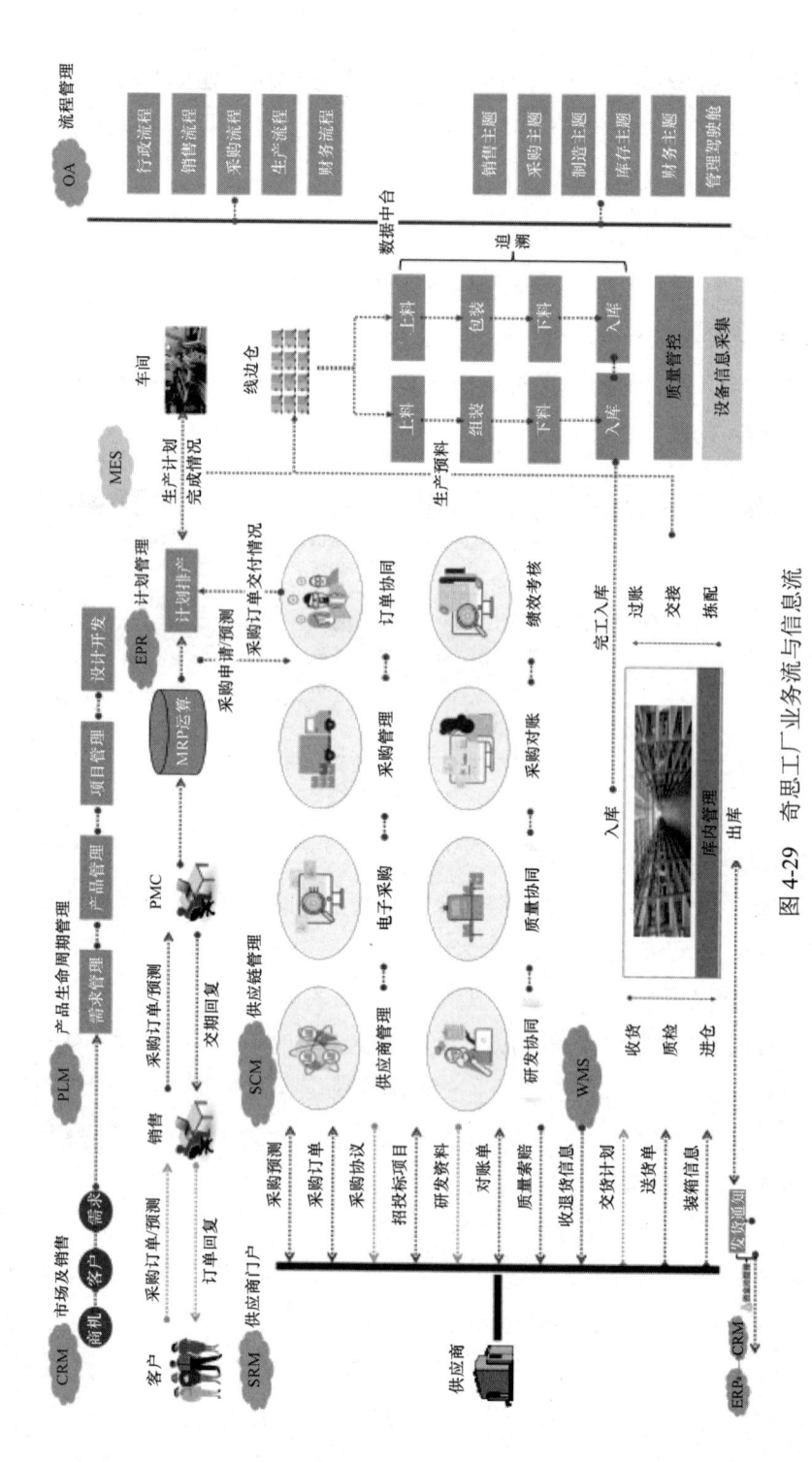

图 4-29 奇思工厂业务流与信息流

战斗需要能人

人才是企业的核心竞争力，精益的推行离不开精益人才，将项目成员培养成符合精益需求的人才显得尤为重要。奇思通过精益改善师带级认证，培养出了黑带 3 名，绿带 9 名，黄带 13 名。其中黑带改善师至少主导过两个项目的落地，同时还辅导过两个或以上的项目成功；绿带改善师至少主导过一个项目落地；黄带改善师参与过一个精益项目，帮助项目团队达成项目目标。这些精益改善师至少接受过系统的精益思想培训，对于精益方法论的掌握和理解具有一定的基础。

人才的培养不仅只有带级认证，同时对一线管理人员奇思还推行了"卓越班组长项目"，通过对一线班组长培训精益理论知识，教会项目成员画价值流图，做 PQ、PR 分析，测 CT，做山积图、线平衡，完善管理看板信息，如何召开 T0 级会议。项目成员在"做中学，学中做"，以提高发现问题、解决问题的能力，同时提高项目成员自主改善的能力。

三步并着两步走

随着精益线体的 100%覆盖，奇思对于员工操作技能的要求明显要比过去更高，而奇思的人员流失率也随之变高了（15%的正式工流失率）。此外，由于计划排产的变化，生产车间会在短时间内突然增加几十位，甚至上百位新员工，这些新员工在入职后，要经过车间岗位技能培训并确认无问题后才能上岗工作。奇思把将培训新员工至完成效率目标的阶段称为爬坡期，在过去的流水线中，爬坡期是 7 天，而复制精益线之后，爬坡期调整为 3 天，3 天内必须 100%实现标产。新员工原流水线与精益线效率爬坡期效率目标对比如表 4-13 所示。

表 4-13　新员工原流水线与精益线效率爬坡期效率目标对比

工段	线体	新员工爬坡期效率目标						
		第1天	第2天	第3天	第4天	第5天	第6天	第7天
组装	原流水线	0	20%	40%	60%	70%	80%	100%
组装	精益线	40%	80%	100%	100%	100%	100%	100%
包装	精益线	100%	100%	100%	100%	100%	100%	100%

爬坡期从 7 天调整为 3 天，这一想法是在组装和包装车间"干掉"流水线后作为生产部的一条"军规"被非常强硬地执行下来的，对生产部管理层来

说，爬坡期的长短直接反映了这个车间的管理水平。生产领班对如何在 3 天内完成 100%的效率达成，其实也是备感压力的（尤其是组装的领班，包装车间因为操作简易，没有爬坡周期，新人入职当天就要实现标产）。

因为之前的流水线的爬坡管理没那么严格，如 20 位新员工到了车间，领班直接把人插到流水线上，让他跟着老员工边做边学即可。领班在员工培训方面也不需要投入精力。因为流水线的第一天爬坡是不计算产能的，而新员工不管怎样还是有一定产出的，所以当线领班会按照标准产出入库，多做出来的不会入库，存着用于补充生产线由于其他原因导致的效率缺失，这样一来，每天都可以完成效率目标。

精益线复制落地之后，上面这种操作还是存在的，直到生产管理团队发现，安排了新员工进去，怎么领班报出来的开线组数没有任何变化。明明加了 20 位新员工进去，计划应该开 60 组，结果实际还是只开了 55 组，到现场一看，原来新员工全部分散插到老线去了，填补进去之后产出不报，爬坡期没有看到任何效率输出。管理层生气了，非常恼火！有标准却不执行！于是决定将新员工全部从其他线拉出来，组成新线，由领班、助拉自己教。

新员工到了生产线全部组成新人线，结果又出现问题了。领班每天的工作比较烦琐，培训新人后，过程跟进得不多，纯新人的线体爬坡在 3 天内始终无法达到效率标准。这时生产部刘经理想了个办法，既然纯新人爬坡困难，那就索性跟老线的老员工，老带新穿插着来。之后，每次来的新员工都靠这种方式来培养。之后对插入新员工的线体根据"每 2 小时效率检讨机制"进行过程管控，这种"老员工+新员工"开线的方式是有效果的，3 天内逐步都能实现目标。有些表现优秀的基本 2 天就可以实现目标了。

总结爬坡优化的步骤。

第一步：新员工的训练方式转变。实施精益线之后，培训地点由老员工身边改到了新线上，直接由领班、助拉、多能工及品质人员进行一对一或一对二的培训。

第二步：线体人员结构的变化。培训完成的新员工由领班打散分配到精益线上，采用老员工搭配新员工的方式。

第三步：每 2 小时效率检讨机制。新员工加入线体后，每 2 小时由生产主管组织各线领班、助拉、品质、生技 IE 开会检讨效率达成状况，如发现异常，在会上必须给出改善对策，并指定人员跟进改善效果验证，直至效率在 3 天内达标。

优化间接人力，实现产值最大化

除了爬坡周期的缩短，奇思在间接人力的优化方面也做了大量的工作，包括但不限：

（1）办公室职能部门（生技、品质、资材、财务），在岗位优化后综合人力降低至 5%；

（2）调整生产部领班级与操作员的配比为 1∶60，间接人力比由 11.5%下降到 7%。

职能部门可以根据工作量的饱和度进行评估，通过工作合并、重排工作实现目标。对于生产车间的人力优化，按照计划编制，1 名领班负责 20 组精益线，下面配置 2 名助拉、1 名物料员、1 个维修员。刚开始在组装车间确定这个配置标准的时候，生产部一线领班非常不理解，甚至抗拒执行。领班当时说了一句话："谁做得到，谁自己来带线。"此时，奇思才发现：

（1）领班人员的管理能力参差不齐，没有经过标准化的专业训练；

（2）员工对于人均产值乃至公司核心价值观的学习不够深入；

（3）员工思想还停留在过去的皮带拉生产模式下，没有真正走出来。

大家冷静下来之后，生产部根据优化过程中反射出的矛盾点，安排了领班的能力训练（"卓越班组长训项目"），以下是卓越班组长项目的训练科目：

（1）日常职责；

（2）5S 铜牌认证；

（3）浪费识别——大野耐一圈；

（4）团队沟通板与早会；

（5）检查系统；

（6）标准作业；

（7）安灯快速反应；

（8）日常改善方法。

奇思通过训练的方式加深员工对于精益工具的理解和运用，利用领班的标准化作业找到员工每天工作的重点,并且在训练过程中重点培训奇思的核心价值观,使员工做一个符合公司价值观的人员,并清楚地知道公司的使命与愿景,为公司的发展做出贡献,实现自我价值。

奇思通过间接人员的优化,使各车间主管基于 7%的间直比目标对间接岗位人员进行能力评估,不在 7%之内的直接调回生产线做直接生产岗位;将间直比的目标与车间生产主管的绩效相挂钩,每周由生产经理带队检讨目标达成目标状况。

踢开影响有序生产的绊脚石

在生产过程中,每日的生产计划不能 100%达成,计划的执行往往大打折扣。这在很多时候并不是计划本身排产的问题,而是在执行计划的过程中或多或少会出现各类异常(物料、设备、质量等)。如果这些问题不能在短时间内得到有效的解决,则计划达成大概率是得不到保障的。

在每天的计划达成检讨会中,效率不达标的管理者对其原因的描述几乎千篇一律的是"设备的问题停线 xx 小时,影响产能 xx 个,没有这个问题我的标准产能完全可以达成",或者"xx 问题找不到人处理"。这样的问题在大部分企业都是普遍存在的。那对于这些问题我们又该如何帮助生产管理人员解决呢?企业更多的还是要制定异常处理和升级的机制,以及借鉴信息化的快速问题触发来打造敏捷生产团队,快速反应,踢开影响有序生产的绊脚石。

奇思在实现效率 100%达成的高目标时,要求必须制定有效方案来解决异常问题。首先,让所有管理层对异常问题的重视程度加强,且厂长对所有管理层有个要求:对生产过程中的异常问题,上级可随时随地询问下级,如下级知道的还没有上级全面,则视为下一级的管理工作失职,其将受到严厉批评甚至问责。这样一来各职能模块的管理人员对生产线的异常问题关注至少提高了一个档次。

对生产过程中的异常问题的分析和防范、及时响应、规范处理是工厂生产管理的重点。处理异常问题的最主要方法是制定"纠正措施"、验证实施有效性。奇思对每天的生产过程中的异常问题都会详细记录,每周生产部长召集各职能部门主管以上的人员对本周异常问题做周总结会议。在周总结会议上生产部长跟进每周各类异常问题的发展趋势,所属责任部门的部长需对异常问题给出纠正措施，生产部则跟进措施的实施和有效性的验证。通过这样持续地对生产过程中的异常问题的跟进处理和优化，奇思的生产过程中出现异常问题的概率越来越小了。

之前，奇思的生产部长经常会听到下级的汇报："这个异常问题出现后，找不到对应的人员处理；或者现场处理人员处理了很久也没有处理好等反馈"。针对此问题，奇思使用信息化的安灯系统来解决这个问题。出现异常问题后，安灯系统会迅速地将问题汇报到责任人手机，且过程中的响应时间和处理进度系统都会自动记录，并会根据提前设定的规则对异常问题进行升级，直至异常问题的关闭。

综上所述，奇思聚焦生产线的异常问题，建立了异常问题处理制度，使异常问题对生产线效率的影响直线下降，如表4-14所示。

表4-14 异常问题对生产线效率的影响直线下降

时间	4月				5月				6月			
	第一周	第二周	第三周	第四周	第一周	第二周	第三周	第四周	第一周	第二周	第三周	第四周
异常工时（H）	7560	4168	2673	937	2469	3102	11133	180	20	141	89	0

最终，经过一系列的精益改善活动，在精益项目团队和工厂的通力合作与共同努力下，奇思的人均产值有了很大的提升（见表4-15）。

表4-15 人均产值提升

时间	2019年	2020年	2021年	2022年
人均产值（万元）	52	65	74	96

第五章 精益文化

活到老，学到老

"活到老，学到老。"这是一句古老而睿智的格言。人要不断地学习，才能更好地适应日新月异的现代社会，不至于落后于时代的发展。古人所说的"逆水行舟，不进则退"正是这个道理。

精益生产作为传统企业转型升级的必由之路，需要企业所有人一同参与，并为之学习精益生产的知识，从而改变原有的工作思维。在这个过程中，不断学习显得尤为重要。

工欲善其事，必先利其器。为转变员工原有的工作思维，在顾问专家的推荐下，在奇思精益部的推动下，在奇思精益人才组的组织下，奇思将《精益思想》《丰田模式：精益制造的 14 项管理原则》及《现场改善：低成本管理方法的常识》作为学习精益必读的 3 本书籍，让员工进行阅读，并将阅读过程中的感悟进行分享。

众所周知，阅读书籍是一件相对枯燥而孤独的事情，为营造良好的精益书籍阅读氛围，让员工在阅读的过程中感受到乐趣，奇思通过开展线上、线下学习的各类方式，激励员工积极阅读和学习精益知识。

进行精益授书仪式，增强员工阅读荣誉感

在营造精益读书氛围方面，奇思的第一个做法是进行授书仪式。为将读书的仪式感拉满，奇思在每次精益项目启动会上，均会进行授书仪式，公司高层领导会给参与项目的成员授予精益书籍，以激励员工积极阅读。这不但很有仪式感，还会使项目成员有荣誉感和感到非常有纪念意义。

2022年8月，在奇思开启新厂区的精益项目启动会上，总经理助理 Jason 不仅现场勉励员工持续学习精益知识，不断提高自身能力，同时还亲自给参与项目启动会的所有项目成员授予精益书籍。从员工的角度来说，仪式感本来就是一种无形的激励，能由公司高层领导亲自授予精益书籍，更是一个大大的荣誉。

员工在收到高层领导所授予的书籍后，会对书籍格外重视，并将阅读精益书籍当作重要事情对待，那么可阅读的时间就会越长，时间越长就越能在阅读的过程中有所收获，而一旦有收获便使员工有持续阅读和学习的无限动力。就这样不断地循环往复，员工实现了点滴积累，并潜移默化地将阅读学习到的精益思想融入个人的思维模式中。就这样不知不觉中精益已经成为奇思每位员工处理和解决问题的思维模式了。

开展线上读书分享，营造彼此分享、共同提高的阅读氛围

高尔基曾说过："书籍是人类进步的阶梯。"员工持续阅读精益书籍，在阅读的过程中会有自己的读书感悟和收获。为营造彼此分享、共同提高的阅读氛围，奇思专门建立了一个"奇思智造精益变革交流群"，所有项目成员在阅读的过程中，可以第一时间将读书感悟分享在群中。

为激励和表扬在阅读分享过程中表现优秀的员工，我、厂长等高层领导积极回应员工分享的内容，并进行评论，这极大地激发了员工分享读书感悟的积极性。员工争相分享的例子不胜枚举，以下是其中两则案例。

【案例一】生产部 X 员工阅读《现场改善：低成本管理方法的常识》的读书感悟分享

【原文】

管理部门必须承诺持续不断地进行这些活动。只有当员工士气高涨、懂得自律，并且有改善意识时，他们才会做好维持及改善现行标准的工作，从而达成 QCD 目标以满足顾客。

【读书感悟】

发生在现场的资源管理活动分为两种，即维护和改善。现场最多的人员无疑是我们这些一线员工，在现场持续改善的这个过程中，当我们在改善过程中引导员工参与进来后，所获得的效果是完全不一样的，如在解决 GC0004 雾化芯的生产问题上。GC0004 雾化芯为自动包棉机生产，在首次生产时生产线 UPPH 无法达到标准 47 的平均值，我们在了解情况后发现包棉棒在周转过程中，因内径较小，所以使用镊子取出非常困难，这导致物料周转时间较长，造成物料堆积。而此前量产同类型的 GC0003 时包棉棒的内径适合，使用镊子取出快捷方便，不存在这个问题。正当大家冥想苦思期间，偶然发现有一组的员工产能达标了，甚至超产了。经了解才发现此组员工使用磁铁将包棉棒吸出，使用的时间比用使用镊子取的时间缩短了一大半。最终，我们按照此组员工的方法进行生产，不但生产线 UPPH 达到标准，且还超出标准达到 UPPH50。由此可见，员工的参与是多么的重要，我们不能忽略一线员工的方法，因为他们才有最直接的感受，我们应该多倾听员工的声音，多加引导，让更多的员工加入到我们的精益改善中来。只要全员参与，即使没有最好的方法，也有更好的方法。

点评：建议将这个方法以第一位使用此方法的员工名字命名，在作业指导书中标明，并逐步建立历史档案和车间公示牌，以感谢这位员工的创意和创新（命名可参考中国体操运动的"刘璇单臂大回环""程菲跳""李小鹏挂"等）。

【案例二】财务部 Y 员工阅读《精益思想》的读书感悟分享

【原文】

精益思想的关键出发点是价值，而价值只能由最终客户确定。

【读书感悟】

我一直在思考如何将精益思想应用于财务管理？财务工作的价值在哪？财务工作的价值由谁确定？

我觉得第一，财务工作要服务于我们的客户，即内部经营管理者、外部客户，因为所有的报表分析和财务数据信息可以为内部经营管理的经营决策提供参考。

第二，在财务工作质量上，要运用精益思想，完成从手工记账到会计电算化，再到财务智能化的转变。精益强调的是减少浪费，在账务处理中，要运用精益思想，避免重复和无效的输出。我们可以通过定义公式或规则，结合信息化系统，优化账务处理过程，缩短报表周期，及时输出财务报表信息。

第三，因为精益的财务管理的重点还在于成本控制和持续降本，所以还要将精益的财务管理与精益生产、精益管理相结合起来，让员工走进现场，让企业真正做到业财融合，这样做有助于加强现场改善，了解内控薄弱点，有利于更有效地进行成本控制，降低生产成本，为企业盈利和实现经营目标助力。

点评：非常好的分享。很多人一提到精益，就会不由自主地想到精益生产，认为推行精益是工厂的事情。其实从更广义上来看，一家被社会和员工认可的企业，其目标应该是为社会创造价值，要做比别人更好的产品或服务，创造竞争力更强的组织，让生活更美好。所以，精益首先是企业的一种追求，即追求更好，这涉及组织中的所有人和岗位，销售、财务、人力、行政、采购、研发等部门需要全部参与并践行精益，这样才是真正地推动精益管理，让组织血液中永远拥有精益的基因。财务部为非生产中心部门践行精益带了一个好头，值得表扬。

分享让读书更有意义。对于员工分享的读书感悟，其他员工可以进行学习和借鉴，这样可以让方法论不仅停留在一位员工身上，而是使员工之间共享，举一反三，将精益生产的思想拓展给更多的员工。

读书本身是一个知识输入的过程，但知识输出也非常重要，读书分享的学习输出方式比闭门苦读的效率更高，更容易转化为自身的技能。从另一个角度来看，通过读书分享交流的方式，我们不仅激发了员工阅读的积极性，还产生了感悟共享、经验共享的效果。

组织线下读书会，碰撞出火花

如果说线上读书分享，可以将员工从精益书籍中学到的知识和感悟进行共享，那么线下读书会可以让员工就精益书籍内容进行深入探讨和思想碰撞，以碰撞出更多精益思想的火花。奇思不定期举行线下读书分享会，且每次都按照书籍和员工群体的不同进行相应的读书分享会。

2022年3月28日和5月19日，奇思"精益人才训练营"分别组织开展了两期线下读书分享会。分享会上，"精益人才训练营"的项目成员就自己在读《精益思想》时的感悟进行了分享，部分项目成员还做了PPT进行展示，并分享了将精益思想融入到实际的工作中的案例。很多案例都得到了其他项目成员的认可，大家在现场进行了深入的交流探讨。

每次读书分享会，奇思精益智造研究院负责人Zili Chen都会亲自参加，在2022年5月的一次线下读书分享会后，Zili Chen在总结时表示："听了各位伙伴的读书分享，非常不错，这样的读书会很有意义，要持续举办下去。与此同时，希望全体伙伴积极参与到精益项目中来，通过不断地学习，提高自身技能，在工作中减少浪费，降本增效，从而提升公司的效益，助力公司发展。"

"活到老，学到老。"这应该不是一句口号，而应该是实实在在践行的宣言。奇思在推行精益变革的过程中，通过授书、线上线下读书分享的方式，开展各类型的读书分享会，让学习氛围持续在奇思发酵，越来越多的员工加入到精益知识学习的过程中来。学习精益知识的热情在奇思逐渐蔚然成风，这也为奇思精益人才的培养奠定了良好的基础，截至目前，奇思通过系统性的精益培训的项目成员就有 29 人。相信在这种良好的精益学习之风下，未来的奇思，将会是全员参与、人人精益的企业。

精益还可以这样"玩"

在前面章节中我们提到，精益变革的过程是一件相对枯燥的事情。为了让参与精益的员工能从中感受到乐趣，奇思根据精益推行的进度，适时地开展各类精益活动，如精益创新评比大赛、精益线体设计大赛、精益标语征集大赛和"精益人才训练营"户外拓展活动等，以激发员工对精益改善的热情。

以赛事活动的方式开展各类活动，从实际产生的效果来看，是非常有促进作用的。相对于简单粗暴的工作命令或行政命令的推动效果，活动的效果更加深入人心，一个是被动接受指令，另一个是主动参与精益，两个初始动力的不一样，直接影响最终效果不一样。以开展赛事活动来激励的方式，能更加柔性和有趣地推行精益变革，其受到的阻力也大大减小。

以下就一起来看一下，奇思在精益赛事和活动方面是怎么样推行的。

精益创新评比大赛

为激发全体员工对精益改善和技术创新的积极性，营造积极进取、精益创新的公司精益氛围，奇思举办以"扬创新之风　增公司效益"为主题的精益创新评比大赛。

精益创新评比大赛自 2022 年 5 月 4 日开启以来，奇思各厂区各部门积极开展了一系列的改善活动，经过部门、分厂层层选拔推荐了 40 个案例参赛。6 月 24 日，奇思第一届精益创新评比大赛举行初赛，共 40 个参赛项目的选手分别上台汇报，由各厂区生技部和品质部负责人组成的评委就每个参赛项目从有形效益、无形效益、创新点及现场解说4个方面进行评分，最终评选出20个项目进入最终的决赛阶段。

7月7日下午，在众人的期待中，迎来了奇思2022年第一届精益创新评比大赛决赛。20个进入决赛的参赛项目负责人依次上台讲解自己的改善报告。

在这20个项目中，有通过流程分析，建立连续流动的思想，实现降本增效的；有通过识别七大浪费，采用ECRS方法实现降本增效的；有通过来料模组化，合并材料降低来料成本的；有利用连续流及流程分析，同时对场地布局进行优化的；有利用品质工具分析，推动前端供应商改善等。每一个改善创新都是改善者的智慧结晶，不仅有显著的改善收益，同时也优化了工作流程。

特别值得一提的是，在进入决赛的20个项目中，不仅有来自生技部和生产部方面的改善创新，还有关于品质前端、人力资源及信息化等方面的改善创新，这说明精益工具方法不仅能应用于生产，还能应用于整个公司运营。

通过此次精益创新评比大赛，奇思不仅进一步营造了良好的精益氛围，还进一步拓展了参与到精益改善中来的部门和员工范围。另外，还为奇思在降本增效方面带来了可喜的收货。这可谓是一箭三雕。

继2022年第一届精益创新评比大赛取得积极成效之后，2023年5月，奇思开启了第二届精益创新评比大赛（见图5-1），本次赛事相对第一届进行了全面升级，不管是从参与人数方面，还是从参与面方面，都有一个全方位的升级。正如顾问专家在点评时所说："经过两年时间的精益推行，目前奇思已经进入全员精益的阶段。"

初步统计，2023年上半年，奇思改善提案累计收益1722万元，同比增长180%；提案数量543个，同比增长30%；参与人数141人，同比增长56%。这一连串数据，正是奇思在精益变革中持之以恒推进取得的喜人成绩。

精益线体设计大赛

自奇思推行精益变革以来，从各方面取得了积极的成效，但更多的是从工序或方式方法上进行改善，而关于线体设计相对较少，为了激发全体员工对精益线体设计创新的积极性，让更多员工参与到线体设计创新中来，2022年10月，奇思发布关于开展精益线体设计大赛的通知。

图 5-1　第二届精益创新评比大赛

自赛事通知发布后，奇思各厂区针对自身实际情况，组成了多个线体设计团队，就精益线体进行全面的设计与更新，经过几个月的准备，最终有 11 条新设计的精益线体参与到本次评比大赛中。因线体设计是一个相对庞大而复杂的改善，为确保此次赛事评选出的优秀线体的设计理念与实际投入使用的相一致，奇思精益线体设计大赛的评分组委会，专门针对各条新设计的线体，去到车间进行查看，并为新设计的精益线体进行评分，最终评选出 7 个进入到决赛的线体。

在决赛现场，进入到决赛的 7 个设计小组成员依次上台讲解他们的设计方案，通过精益的逻辑思维分享他们的设计原理。迅驰智能的顾问专家参与精益线体设计大赛决赛的评分并表示："很高兴看到奇思有这样一个精益线体设计大赛作为载体来推动精益改善。经过两年的精益变革，奇思的员工已经学会用精益的理念和方法论来设计线体，这个非常值得肯定。希望在接下来的精益改善中，继续坚持以精益理念和原则为出发点，精益求精，永无止境。"

而总经理助理 Jason 出席精益线体设计大赛决赛并做总结讲话："看到大家

讲解自己新设计的精益线体，很是高兴。感谢迅驰智能顾问专家团队的付出。"同时，Jason 希望所有员工持续保持学习的心态，多向行业或更高端的制造业企业学习，精益求精，并借助公司的平台，不断提高个人技能，为公司创造更多效益，最终实现个人与公司的双赢。

正如 Jason 在赛事总结讲话中所讲的一样，精益线体设计大赛对公司及参与赛事的个人来说，是一个双赢的过程。因为在这个过程中，个人通过参与赛事，不断加强了理论基础知识和提高了实际精益改善的能力，而公司则通过员工设计的精益线体，有了更加高效的精益线体（见图5-2）。

图5-2　线体设计大赛

精益标语征集大赛

标语是我们日常生活中习以为常的文化形式，它在无形之中会对人们起着导向作用。一条好的标语，会有给人眼前一亮和触发思考与行为的功效。为激发全体员工对精益变革有主人翁精神，增强责任感和参与热情，奇思组织开展精益标语征集大赛。

组织开展精益标语征集大赛，其主要意义有两个，首先是可以加强精益文化的建设，让更多员工切实地感受到身边的精益文化；其次是为后续奇思精益文化目视化征集优秀的标语，让员工在公司内部处处可见精益元素，从而无时无刻不以精益的思想和方法论开展各项工作。

以下为奇思的精益标语征集大赛的方案，以供大家参考学习。

奇思的精益标语征集大赛

一、活动目的

为加强公司精益文化建设，增加精益目视化标识，营造全员参与的精益文化氛围，特举办奇思精益标语征集大赛。

二、活动时间

2023 年 5 月 10 日—5 月 30 日

三、活动对象

奇思全体伙伴

四、活动规则

1. 在 5 月 30 日之前将相关精益的标语内容发送给精益部×××处；

2. 标语内容建议言简意赅，字数不宜过多，对仗工整更佳；

3. 标语内容若出现相同或相似，则以发送给精益部×××的时间来定，先到先得，后面提交的不重复计算；

4. 每人可提交的精益标语不限，多多益善。

五、奖励设置

1. 凡是入选为精益标语库的，每条标语计入个人 5 分精益积分；

2. 若标语最终被入选使用的，再奖励公司定制水杯或衣服一件；

3. 奖金设置：标语选中数量前 6 名的给予奖金奖励，具体如表 5-1 所示。

表 5-1　标语选中数量前 6 名的给予奖金奖励

奖　项	设　置	奖金（元）	评　委
一等奖	选中数量第 1 名	300	活动组委会+顾问专家+公司领导
二等奖	选中数量第 2、第 3 名	200	
三等奖	选中数量第 4～6 名	100	

六、注意事项

1. 提交精益标语到×××处时，需要注明姓名、厂区和工号等个人信息；
2. 标语不得在网上抄袭，若发现按作废进行处理；
3. 本活动最终解释权归活动组委会。

以上是奇思在组织开展精益标语征集大赛的一个方案，看似简单，但却能在简单的活动中，激发员工的积极参与性。在这个活动中，奇思共收集到精益标语投稿268条，可见活动开展对员工来说有很大的吸引力。

通过开展精益标语征集大赛的方式，不仅进一步增强了奇思的精益文化氛围，还通过激发全体员工的主观能动性，收集了一批优秀的精益标语，为后续奇思精益目视化标识的设计与粘贴储备了丰富的素材，从而让员工在公司的各个角落都能看到精益的内容，以点带动面，促进全员参与精益的热情和持续动力。

"精益人才训练营"户外拓展活动

在科学技术发展日新月异的今天，企业的竞争归根结底是人才的竞争，奇思同样把人才作为企业发展的第一生产力。为更好地推行精益变革，筹备更多精益人才，奇思组织开展"精益人才训练营"，旨在从内部培养一批精益人才，为奇思精益发展之路奠定人才基础。

自"精益人才训练营"开班以来，经过一系列精益课程培训和精益书籍学习，取得了良好的效果。为进一步提升团队凝聚力，增强协作精神，奇思组织"精益人才训练营"全体项目成员开展为期两天一夜的户外拓展活动（见图5-3）。

在拓展活动的过程中，为提高项目成员的协作能力和默契度，分别组织进行竹筏竞渡、动力圈项目、挑战同心椅、海边晨练等一系列拓展项目。参与拓展活动的项目成员纷纷表示，收获颇丰，在参与拓展的过程中，让他们更加明确做任何事都要有明确的目标，要充分调动每位项目成员的动力，用精益的思维和方法论思考和解决工作中的问题点，朝着共同的目标努力，最终一定可以达成目标。

在两天一夜的户外拓展活动中，"精益人才训练营"的全体项目成员齐心协力完成了全部既定拓展目标，不仅留下了一段美好的记忆，还增强了团队凝聚力，增强了不畏艰难、勇于创新的精益团队精神。

图 5-3 "精益人才训练营"户外拓展活动

精益变革在很多企业的概念里会是一个枯燥的变革改善过程，但奇思根据精益推行的节点，积极开展各类赛事活动，不仅让精益变革在推行的过程中增加了有趣的内容，同时也不断丰富了精益文化的内涵，让精益更容易被大家接受和参与，最终实现"人人参与，全员精益"。

小积分，大作用

说到积分，可能很多人的第一反应是想到积分入户、积分上学等概念。是的，这些在我们生活中经常作为谈资的积分项目，确实已经深入人心，但我们今天要讲的是关于奇思在精益变革推行方面的积分管理制度。

为了营造人人参与精益改善的文化氛围，将公司长远发展与员工成长有效结合，奇思对每位在精益方面做出贡献的员工进行过程和结果的综合评价，最后统一转化成相对应的精益积分。该精益积分不仅可以定期用来兑换礼品，还将作为员工在晋升、调薪、福利待遇提升等方面的参考指标。因此，不要小看精益积分，因为这小小的积分，对于每一位员工来说，都有大的作用。

换句话说，奇思的精益积分管理制度就是用积分的方式对员工的精益能力进行全方位量化，从而进行详细的分数记录和积分排名，其目的是充分体现员工在奇精益变革推行方面所做出的成绩，最终达到持续调动员工精益改善积极性，激发员工精益潜能的一种有效管理方法。积分奖励与传统月度或年度激励不同的是，人人可以参与，而且是即时激励，相对于延时激励效果更直接。

那么奇思是如何进行精益积分的管理呢，下面将从4个方面进行阐述。

1. 制定公司级的精益积分管理制度

为让精益积分有效推行、有据可依，奇思首先将精益积分管理的各项明细通过制定制度的方式进行框定。2022年5月，由奇思精益部制定的《精益积分管理办法》正式以公司体系文件的方式面向全公司发布。有了该份正式的公司级文件作为保障，在既定的"游戏规则"里，奇思精益积分制度才能更公平更透明地落实下去。

以下为奇思精益管理办法的具体内容。

奇思精益积分管理办法

1. 目的

为了营造人人参与精益改善的文化氛围，将公司长远发展与员工成长有效结合，对每位在精益变革推行中做出贡献的员工进行过程和结果进行评价，评价后统一转化成精益积分，精益积分将作为员工在晋升、调薪、福利待遇提升等方面的参考指标。

2. 适用范围

本制度适用于奇思智能制造有限公司（以下简称"公司"）的所有员工。

3. 职责（见表5-2）

表5-2 职责

部　门	职　责　内　容
精益部	负责本方案的制定、修订和解释，对每位员工的精益积分进行评价、汇总、宣传等
人力行政中心	负责员工异动、加薪、晋升及其他福利发放时匹配标准要求的对应积分
各部门	负责组织员工参与精益相关的项目、提案改善、培训学习、竞赛等活动
总经办	负责对本文件方法的审核、批准，以及对标准实施的监督和使用决策

4. 工作程序或内容

1. 精益项目成员得分标准如表5-3所示。

表5-3 精益项目成员得分标准

单位：分

项目成员	组长	副组长	指导员	成员
得分	200	120	120	60

以上为基准分，最终得分=基准分×项目分×个人得分（项目分是按精益项目管理评分标准得出的，个人得分组长由顾问专家评价，其他项目成员由项目组长评价）。

2. 提案改善得分标准如表5-4所示。

表5-4 提案改善得分标准

单位：分

等级	1级	2级	3级	4级	5级	6级	7级	8级
得分	40	35	30	25	20	15	10	5

3. 合理化建议得分标准如表5-5所示。

表5-5 合理化建议得分标准

单位：分

等级	4级	5级	6级	7级	8级
得分	25	20	15	10	5

5. 学习与成长

（1）开发精益知识及相关课件，通过人才平台审核归档，每次可获得精益积分30分；

（2）公司组织相关精益培训课程，作为讲师每次可获得精益积分20分；

（3）参加精益培训课程，并考试合格则每次可获得精益积分5分；

（4）通过读书学习精益知识，并结合工作实际将读书感悟分享到奇思精益团队交流群中每次可获得精益积分5分；

（5）其他方面

① 参加公司组织的精益相关竞赛活动，获得团队奖时团队的得分标准如表5-6所示。个人得分=团队得分/项目成员数。

表 5-6　获得团队奖时团队的得分标准

单位：分

奖　　项	一等奖	二等奖	三等奖
得　　分	200	150	120

② 参加公司组织的精益相关竞赛活动，获得个人奖项的得分标准如表5-7所示。

表 5-7　获得个人奖项的得分标准

单位：分

奖　　项	一等奖	二等奖	三等奖
得　　分	50	30	20

2．由专人负责精益积分的统计并予以实时公布

《精益积分管理办法》里面有多个项目的内容可以进行精益加分，那么面对整个公司人员众多，加分项目繁多的情况，保障精益积分更新的及时性和准确性，是可持续推行积分制度的重要保障。为此，奇思安排专人就全体员工在精益积分方面进行全面跟进，做到细致全面，不让任何一位员工在精益变革推行方面的付出被遗忘。此外，负责精益积分统计的人员，还会及时将积分在全公司进行公布。这是一种对员工价值付出的尊重和及时激励，同时也是激励更多员工参与到精益变革推行中来的一种公平保障。

从及时激励的角度来说，在公开化和及时性的积分更新下，每位员工都想为了排名而努力做出更多的精益改善，从而争取更多的积分。这样不仅可以在个人荣誉方面得到满足，同时也可得到相应的积分奖励。从人性的角度出发，很多时候，精神方面的肯定和激励往往比金钱方面的激励更有直接作用。因为员工能很清楚地知道，只要自己的在精益变革推行方面做的贡献越多，那么精益积分就越高，就更能感受到自己在公司的价值，归属感也会越来越强。所以不要看这么一个似乎微不足道的工作，其背后却能起到重要的激励和推动作用。

3．及时的精益积分兑奖活动

正所谓一分付出，一分回报，精益积分越多可兑换的礼品就越多。为激励积极参与精益改善的员工，每个季度奇思精益部会组织开展一次精益积分兑礼品的活动，对在精益改善方面付出的员工及时进行物资方面的激励。

为满足员工对精益积分奖品的个性化需求，精益部成员为此安排了无人机、运动手环、空气炸锅、按摩器、羽毛球拍、涮烤一体锅、养生壶、蓝牙音

箱、运动耳机、充电宝、雨伞、抱枕被、背包等生活用品供员工选择兑换，员工可以用自己的精益积分，分别兑换自己想要的奖品。

"这个月又可以用精益积分兑换礼品了，你多少分？"员工甲问。

"是的。我大概有 300 积分了，这两天我看看想要兑换什么礼品。今年换了好多礼品了，3 月换了一个运动手环，我现在经常运动身体倍棒；6 月换了一架无人机给我儿子作为儿童节礼物，孩子都不看平板电脑了，每天都在公园广场练习飞行；8 月又换了个养生壶送给我父亲作为生日礼物，他现在每天都用来泡茶；10 月换了一个空气炸锅，现在家里的早餐都比以前丰盛多了。最近天气冷了我想换一个涮烤一体锅，周末约几位朋友在家吃火锅。这个积分兑换礼品真好，每次从那个礼品橱窗走过我都有想换礼品的冲动，我要多参与精益活动，多做改善，换更多的心仪礼品回去。"员工乙回答道。

每到可以用精益积分兑换礼品的时间点，精益积分兑换礼品活动（见图 5-4）便成了奇思内部的一个主要谈资，这是一种无形的宣传，在公司内部形成一股精益之风，润物无声地影响着每个人。兑奖现场员工更是排起了长队，络绎不绝，积分获得者精心挑选属于自己的精益奖品，开心的氛围影响着活动现场的每个人，氛围十分融洽。通过自己努力付出，定期收获一份快乐，这份快乐不仅是那份积分兑换的礼品，更多的是参与到这个积分兑换活动中的快乐。这些快乐让员工切身感受到积分制的魅力，吸引越来越多的员工主动积极参与到精益改善中来。

图 5-4 精益积分兑换礼品活动

4. 精益积分跟晋升、薪资福利提升等挂钩

精益积分跟晋升、薪资福利提升等挂钩，针对这一点奇思高层领导多次在会议上对员工进行强调和阐述，精益能力将作为考核一位员工的重要方面，而精益积分是重要指标。

有了公司高层领导的背书，奇思精益积分的重要作用更加凸显，这也是一种无形的推动力。虽然没有硬性要求每位员工都要参与到精益改善中来，但如果没有精益能力的加持，在升职加薪等福利方面就没法上升。

通过将精益积分与升职加薪相挂钩的方式，奇思不仅提高了员工在精益变革推行中的内在主观能动性，激发出员工的内在精益潜能，还让员工能够充分发挥自己的智慧。如此一来，不仅让精益变革人员有了可持续推行的重要推动力，也让工作安排变得更加轻松高效，还让员工感受到了自己精益价值的体现，从而收获自我的成就感、荣誉感，以及升职加薪等回报。

通过以上 4 个精益积分推行的重要抓手，奇思在精益积分管理上顺利开展，积分制管理正在一点一滴地融入到奇思的日常管理工作当中，并有越来越多的员工积极参与到精益改善中来。以积分来衡量员工的精益变革能力，反映和考核员工在精益变革推行方面的综合表现，然后再将晋升、薪资福利提升等与积分相挂钩，从而达到激励人的主观能动性，充分调动人的积极性。

从另一个角度来说，精益积分也是衡量员工成长的重要数据，它伴随着一位员工在公司的始终，参与精益变革的成果越多，其得到的奖励福利等就会越多；从公司层面来说，精益积分管理制度可以打造你追我赶的精益文化，让精益变革推行更有抓手，弥补企业通过行政手段强行推行精益变革的不足，最终对企业的管理起到"四两拨千斤"的作用。

提案改善

"如果每位员工都能尽自己最大的努力去履行职责，就能产生强大力量，并且这种力量可以形成一个力量环。"

——丰田喜一郎

持续改进的核心是把问题当财富，不断发现问题，不断改善。企业想要推行精益生产成功，依靠的不仅是高层领导、管理人员和技术人员，更多的是发挥全体员工的智慧。特别是一线员工，一线员工是制造产品的主力军。当生产中遇到问题时，员工往往能第一时间发现问题。

但是，在工作中，大家会本能地隐藏错误和问题，怕提出问题后被问责。在奇思，有一位领班就曾表示："我发现大部分员工是能够发现上一个工序的不良品的，但是他们没有将不良品挑出来的意识。可能是怕麻烦，觉得上一个岗位与自己无关，为了赶产能选择忽略了不良品，将不良品流到下一个工序。这就导致了后面成品的不良，需要花大量时间去维修，增加了成本。"员工真的没有把不良品挑出来的意识吗？那是因为怕麻烦。员工为什么怕麻烦？因为一旦有不良品，领班就会开始责怪整条生产线的员工不认真作业，忽略了产生不良品的真正原因。久而久之，员工为了不挨骂，只能不把问题当问题，误认为提出问题的人就是出头鸟，所以即使知道有错误也会选择继续错，而不反馈给领班。这种自我保护机制是正常存在的，我们要营造员工敢于暴露缺点与问题的氛围，营造产生问题时的第一反应是解决问题而不是指责。无论是高层领导、中层员工还是基层员工，我们都要传输一个观念：摆正对错误的态度，拥抱问题。在从 0 到 1 的变革与创新的这个过程必定会有错误和跌倒。如果没有错误，那只是因为错误还未被发现，我们要发现、总结、规避错误，利用错误创造资源。

推行精益通常会带来变革，员工的积极配合也是推行精益成功的一个重要因素。持续改善，接近完美，重点是把权力和职责下达基层，通过基层不断地解决问题。

为了营造和鼓励全体员工参与精益生产改善活动，奇思在 2019 年制定《提案改善管理制度》，该制度明确了精益生产改善活动提案提交的流程，以及奖励的级别和运行方式。提案改善适用于公司所有部门、人员，工作中所有可以改善的地方都是提案的改善对象。整个工作流程可分为 3 个阶段：改善阶段、审核阶段和奖金发放阶段。提案改善的工作流程，如图 5-5 所示。

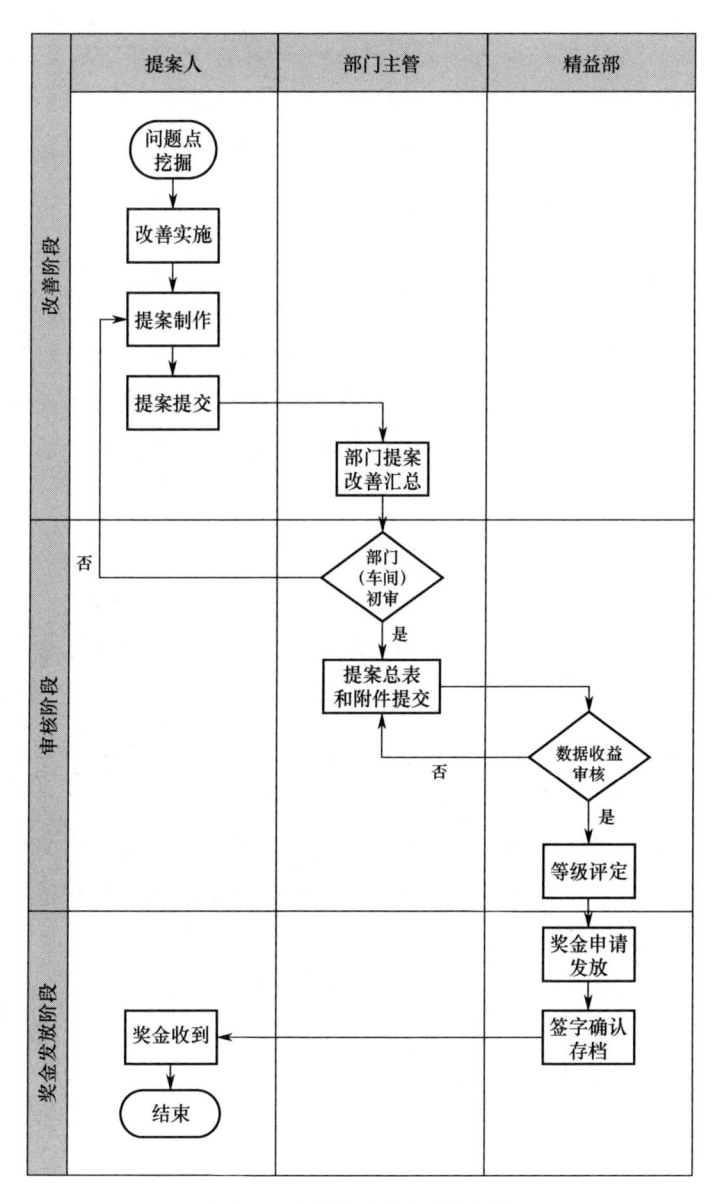

图 5-5 提案改善的工作流程

1.改善阶段

1.1 问题点发掘

1.1.1 当现状与目标（标准或期望）出现了差异，这是问题。

1.1.2 当希望工作结果实际达成比原定目标更好，这是优化。

1.1.3 当运用新方法导入新技术使对象处于一种全新状态的，这是创新。

1.1.4 不管是问题的解决，还是工作的优化，或者是项目的创新，都是我们可以进行改善的地方。通过个人能力的提高，以及运用精益生产相关工具（全流程调查、三现主义、课题改善……）来不断地发现和发掘可以改善的地方。

1.2 改善实施

1.2.1 当问题点发掘出来后，如果属于自己的职责范围或自己有能力去进行改善的，应及时制定改善对策，并依对策实施。

1.2.2 必要时联系相关人员，组建改善团队进行改善。

1.2.3 提出对策时要勇于创新。

1.2.4 针对可水平推广的对策应及时在相关范围内展开。

1.2.5 改善对策实施后，要持续追踪改善效果（特别是对于实施范围较大的改善），实施过程中要持续改善。

1.2.6 改善固定后要进行改善的标准化，标准化的输出包含作业指导书、检验指导书、程序文件、各类标准文件等。

1.2.7 当改善对象不属于自己的职责范围，自己无权利实施相关更改时，此时可针对问题点提出自己的改善想法或建议。

1.3 提案制作

1.3.1 依据改善的主题内容，按规定的提案报告格式制作提案报告。

1.3.2 提案报告需体现改善前后的内容描述、改善点、改善前后的图片效果、改善收益。

1.4 提案提交

1.4.1 编写好的提案统一由部门（车间）收集汇总，并填写好《改善提案台账记录表》。

1.4.2 于每月 25 日前将本月汇总好的提案统一以电子档提交至精益部处。

2. 审核阶段

2.1 部门（车间）初审

2.1.1 部门（车间）对汇总的提案进行初审，制作不规范、内容漏写的、质量不合格的提案退返提案人处。

2.1.2 精益部按月将各部门（车间）提交的提案收集汇总后，组织相关人员对提案进行审核。

2.1.3 审核时依提案管理（详见第三部分）所设定的相关标准及尺度对所有提案进行等级评定。

2.1.4 针对高等级的提案在审核时，如有必要，审核人员有权要求提案人提供相关证据或相关部门的签名确认。

2.1.5 精益部汇总每月评定好的提案结果并做好台账记录。

3.奖金发放阶段

3.1 精益部统计好每月的提案审核结果，以及相关的奖金金额。

3.2 以《汇报审批表》的形式提出奖金申请，由制造中心总监审核后送交总经理核准。

3.3 奖金统一亲自发至提案人手中，由推行办组织相关领导现场颁发。

3.4 必要时可邀请总经理或其他公司领导现场进行奖金的颁发。

改善提案根据改善过程和结果分成 8 个等级，评定等级时主要从创新性、改善效益、努力度、表现性（落地程度、实施效果、鼓励性）4 个维度进行评价。

仅有制度的制定是不够的，更重要的是把制度落地，把制度推行到全体员工中使他们去实践。第一步，让员工有所了解，如在公司大范围内宣传文件，领班在车间介绍宣传。公司想要基层员工不断地进行改善，就需要在基层进行最大力度的宣传，让员工紧跟公司的节奏和步伐。第二步，让员工有所行动。大部分员工不知道如何挖掘改善点，或者发现了问题点不知道如何解决。为此，奇思开展了面向全体员工的提案改善技能培训（见图 5-6），通过讲解改善的意义使员工清楚改善对公司和个人的作用，通过讲解知识点和案例使员工掌握发现和改善问题的能力，通过讲解改善报告的内容提高员工制作报告的能力。不少员工在参加培训后表示，知道什么是浪费、知道改善有哪些工具，对今后的工作有很大的帮助。如果基层员工只能发现问题，无法提出解决问题的方法，那么他们可以寻求技术人员的帮助，共同进行改善。这是鼓励员工不仅要积极发现问题，还要在发现问题后能积极提出。生产现场永远都做不到没有一个问题，做不到完美。基层员工是生产的主力军，更是发现问题的源泉及改进问题的落地者。我们要想各种办法来提高员工提出问题的积极性。

图 5-6　提案改善技能培训

以下是部分员工阅读《现场改善：低成本管理方法的常识》后对公司推行提案改善的感悟。

【原文】

提案建议制度是以人为导向的改善活动中必不可少的一部分，其强调的是由于员工的积极参与而带来的士气提升效益。日本的管理者认为它的首要功能是，通过鼓励员工提供许多的建议（无论这些建议多么小）来激起员工参与改善的热情。

【读书感悟】

提案建议制度在我们公司叫"提案改善"，近期，人力行政中心安排精益部工程师姜工对我们公司各厂区各部门代表进行"提案改善"的培训，通过介绍提案改善的起源、目的、问题点的发掘、改善的方法、提案的流程和制作、现金奖励和积分奖励、提案的编写流程等，让我们可以更好地发现和写好提案改善，也为在生产过程中进一步提高生产效率、保障安全生产、提升品质打下了基础。通过此次培训，扩大了提案改善的影响力，让提案改善向人人参与迈进。在今后的工作中，我们要从身边的小事做起，从生产中的点点滴滴发掘改善点。一点小小的改善就有可能为自己积累宝贵经验，为公司创造更多的财富。进行循序渐进的改善，让我们公司的精益生产做得更好，为公司的中长期目标而奋斗。

奇思五厂品质部 Bert Ou

【原文】

改善活动一开始，每个人都为之震撼，有些东西不一样了。以往员工来这里只是为了工作，获得固定的报酬，然后回家。而现在改善让人大开眼界——我认为它确实做到了，它能让人三思而后行。

【读书感悟】

截止到 2022 年 6 月 30 日，我们奇思共提交了 420 个改善提案，收益也相当可观。经过上次的精益创新评比大赛，我们能明显感觉到越来越多的伙伴加入到改善中来，大家开始思考：我们的方法是否合理？我们的流程是否可以简化？我们哪里有浪费？我们的工艺能否改进？我们的成本能否更低？我们的品质能否改进？我们是否用了最少的资源？我们是否有更大的产出？改善逐步给我们带来了思考的习惯，同时也让我们养成一个持续追求更高目标的习惯。有了更高目标，我们会思考哪里有改善空间，用什么方法改善，我们要学习什么知识来识别浪费和解决问题，问题解决后如何总结经验形成标准化。在这个思考、分析、学习、实践、总结的过程中，大伙的能力在成长，公司的问题也得以解决并获得了收益，从而公司会给员工提供更好的发展平台和福利，并通过全员参与精益改善把员工的价值体现在公司的长远发展中，最终员工与公司相互成就。相信随着越来越多的伙伴加入到改善的队伍中来，我们奇思定能在激烈的市场竞争中处于领先地位。

精益智造研究院精益部 Lean Huang

【原文】

提案建议制度及质量小组是现场之屋的重要结构，用来证明员工能积极地参与改善，以及管理层已经建立了改善的辅助工作制度。

【读书感悟】

提案改善制度可以启发全体员工的想象力，集结个人的智慧与经验，提出有利于公司生产的改善及业务的发展，以便达到降低成本、提高质量、梳理流程、激励士气等。如统计 PCBA 来料不良数据发现很多 PCBA 上面的电子元器件的失效是由于手焊时铬铁烫伤所致的。经追查发现有两个改善点。一是电子元器件离手焊的 PAD 点距离太近，手焊作业员操作时铬铁头容易烫到这些元器件造成失效，那么电路设计时是否可以提前做好 PFMEA 分析，将这些需手焊的 PAD 点在空间布局允许的情况下适当地拉开些距离。二是手焊作业员操作时使用的是刀口铬铁嘴，虽然刀口铬铁嘴面积较大对焊接有利，但容易烫伤周边电子元器件，如果改为使用圆头的铬铁嘴将可以避免此问题。可以针对这两个点提出改善建议并标准化，第一点要求所有供应商注意设计规范，后续依设计规范进行点检确认。第二点要求手焊作业员使用圆头铬铁嘴。最终，通过追查数据发现，由于铬铁烫伤电子元器件的情况得到改善明显，给公司节省了成本。

质量中心 SQM Danny Yu

改善无尽头，在企业中永远存在改善，下面列举一个简单的案例。

XD0001 注油设备依次注油给五列储油棉，当针头对当前储油棉注油后，针头上升移动到下一列储油棉注油。XD0001 更换新储油棉 B，新款比旧款紧，针头上升时会带起注油上盖，从而引起撞针。撞针使得注油针头报废，同时导致储油棉注油不良。为了避免产生不良，员工需要在注油的整个过程中用手按压上盖，如图 5-7 所示。这样操作导致员工作业内容增加，无法在原来设备注油时放置油杯在治具上，工作时间变长。为保障正常生产，每条线增加一个人装油杯。

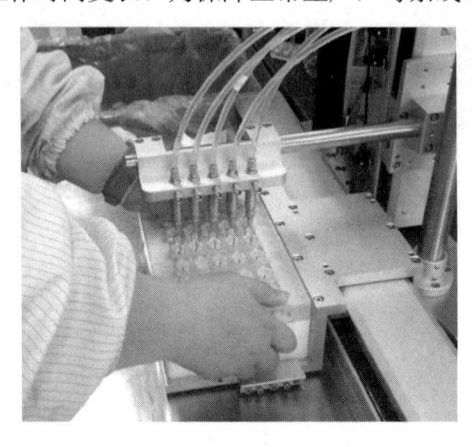

图 5-7 作业员全程按压上盖

第一次改善，X 工程师增加卡扣压住治具，如图 5-8 所示。注油时不会带起治具，注油治具固定在设备运动平台上。员工在设备运行过程中可以完成装油杯，无须增加额外人力放置油杯。

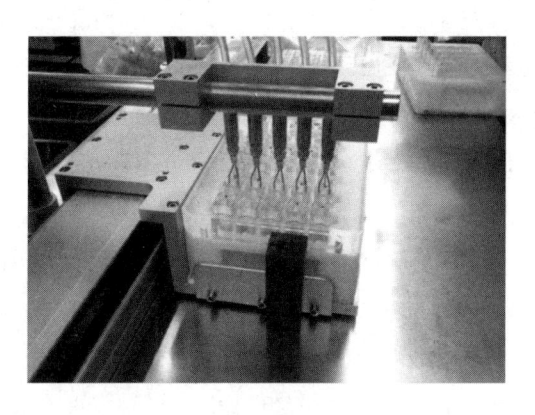

图 5-8 第一次改善——增加卡扣

Y 工程师看到这个改善后去车间观察，发现第一次的改善的确解决了出现撞针问题时增加的额外人力问题，但是员工的工作时间增加了。卡扣并不是一直都在治具上的。当第一批油杯注油完成后，需要取出卡扣，打开治具上盖，放入第二批新油杯，合上治具上盖，扣上卡扣。在这个作业过程中，员工增加了取出卡扣、扣上卡扣两个动作的时间。根据现场的时间测量，取出和扣上卡扣的时间为 5 秒。"是否还可以减少这 5 秒的时间？减少 5 秒的时间可以增加员工装油杯的数量，取消扣上和取出的动作可以降低员工的疲劳度。"有什么办法可以让员工不用额外操作也能使上盖不被顶起？如果员工不额外操作，能否让设备在针头上升时一直固定上盖，使上盖的状态保持不变？观察设备的运行状态，发现有一直保持不变状态的零部件——固定针头的横杠固定板。可在侧边增加弹簧柱子使其成为长方形状态固定。第二次改善在设备上增加弹簧柱，既解决了刚开始时出现的带起上盖问题，又解决了第一次改善增加员工额外作业的问题，如图 5-9 所示。

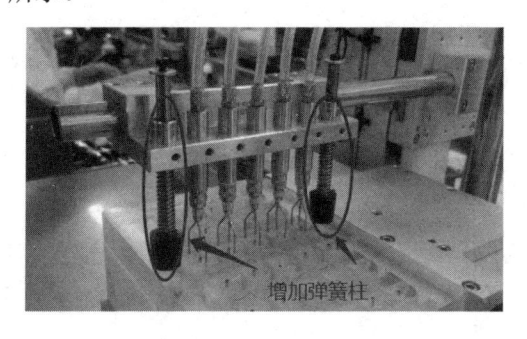

图 5-9 第二次改善——增加弹簧柱

我们每个季度都会对提案改善进行评选，评选出优秀的改善提案，并将这些优秀的改善提案粘贴在公司宣传栏，如图 5-10 所示。这么做，主要有以下几个方面的作用。一是增强提案人的荣誉感、自豪感和成就感，激发提案人二次改善的信心和热情。二是提供学习借鉴的机会，发挥提案的引导性和示范性，这是主要目的。员工在休息时间看了就能学习，结合实际工作运用，有效地提高提案的实践性。三是营造员工相互沟通学习的氛围。一个优秀提案的背后蕴藏着提案人的思考过程和多次验证，往往能引起他人的思考与兴趣。当有员工不理解这个改善是如何实施的，想知道提案人是如何克服中间的困难的，想知道提案人是如何想出优秀的解决方案的时，就可以形成一个短暂的交流小组，这对个人的工作效率提升和公司的经济效益提高都有作用。

提案不限制改善类别，所有方面的改善都可以作为提案提交，主要有以下 10 点。

（1）技术创新。在产品设计、生产工艺、模具相关、设备改造等技术方面进行改善。

（2）环境改善。对公司现有各区域环境在符合标准的基础上进一步改善。

（3）效率提升。生产环节的生产效率、非生产环节的事务效率的提升。

（4）品质改善。生产各环节品质的提升。

（5）成本节约。公司运行各环节的各类成本的投入相比改善前有减少。

（6）管理创新。运用新的管理方法、管理模式来优化自己的管理。

（7）团队建设。有助于提高团队执行力、凝聚力、素质能力等的改善。

（8）安全管理。安全方面的改善，排除安全隐患，减小安全事故发生概率。

（9）流程优化。流程标准的完善、重整、优化，使流程所定义的事务更快捷、高效。

（10）预防性。通过改善，可预防品质、安全等某一方面问题的产生。

2021 年，奇思总共提交 677 个改善提案，收益达到 856 万元。不仅生技部和生产部提出改善提案，行政部、财务部、信息部等都可以提出改善提案。覆盖了公司所有的部门，广大员工踊跃参与。2022 年提案个数比 2021 年增加 22%，2022 年提案收益比 2021 年增加 50%，见图 5-11 所示。

第五章
精益文化

图 5-10 优秀提案改善宣传栏

	2021年	2022年
提案收益/万元	856	1281
提案个数/个	677	827

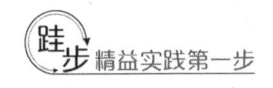

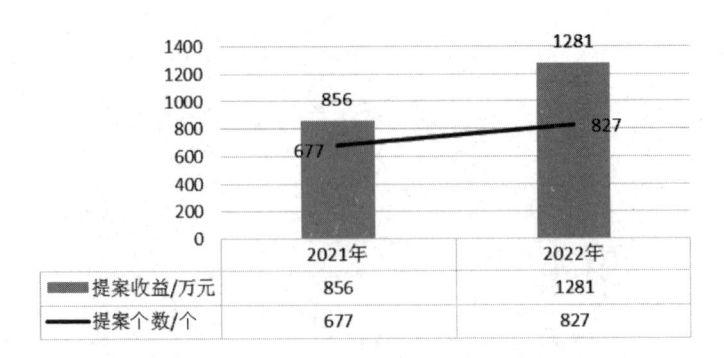

图 5-11　提案改善年效益

由这些数据可以知道，员工对提案改善的热情逐年高涨，员工的提案是有价值的并且给公司带来非常可观的效益。

第六章
遵循精益的原则不偏航

回顾奇思的精益之路，发现其中的成功或失败在精益14项原则里都能找到答案。成功之处是遵循了精益的原则，失败之时一定是某些环节违背了精益的原则。奇思把精益14项原则作为公司精益推行过程中的"一面镜子"，时刻提醒每位员工按原则做事。

推行精益首先要做长远规划，正如精益14项原则第1条：管理决策以长期理念为基础，即使牺牲短期财务指标也在所不惜。华为为了建立集成产品开发（IPD）系统投入了5.8亿元，京东为了建立物流系统连续10年亏损。如果仅是考虑短期的财务指标，华为不会投入巨资去建IPD系统，京东也不会自建物流系统而连年亏损，华为和京东正是做了长远规划，建立绝对核心竞争力的系统才使它们成为业界独树一帜的标杆。有一次顾问专家问我："Allen请问您为什么会把精益作为公司的三大核心管理思想？"我回答道："如果我认为精益只是一个降本增效的工具，我们只需要招聘一名精益工程师，每年开展几个精益项目就可以了；如果我认为精益是提升运营管理能力的系统，我则需要成立一个精益部负责把搭建精益的系统建立起来，并持续维持系统运转就好了；而我认为精益是实现经营管理目标的思想，它需要全员懂精益、全员会精益、全员参与精益，这是基于公司长期发展规划的，所以我把精益作为公司的三大核心管理思想之一。"

精益既可以通过持续降本增效来保障公司利润，也可以通过降低库存提升公司的库存周转率，还可以通过提高设备、场地、硬件等资源投入的利用率来提升公司的资金周转率，这些都是支撑财务目标达成的方法。精益系统通过准时制和自动化实现高质量、低成本、短交期的目标，应用系统化改善方法持续提高内部运营能力。精益可以通过价值流改善，持续为客户创造更高的价值，为公司品牌或客户品牌赢得更多终端客户的青睐，从而赢得市场竞争。精益还可以通过不断深入挖掘企业中的问题，持续为企业创新获得原动力，从而激发组织潜力，使之最终成为学习型组织。因此精益是全方位为公司达成经营战略目标的最有力保障。

通过流程解决问题，以价值流规划为基础，建立连续流动作业流，以便问题浮现，同时把问题当作机会，让每位员工都喜欢问题，而不是惧怕问题。还要以客户实际需求为拉动，避免过程中产生过剩的库存浪费，保持均衡化生产让供应链需求处于稳定。一有质量问题立即停止生产，了解问题根源并加以解决，做到质量"三不"（不接收不良、不制造不良、不流出不良）。建立标准化作业规范，授权于员工，使员工得到足够信任，并通过目视化使问题无所隐藏，降低管理难度，甚至每位员工都可以自我管理。在流程中使用低成本自动化，降低员工的疲劳度同时提高生产效率，并使用可靠的技术协助员工识别不良和防止问题发生。

精益把合作伙伴的理念融入到整个供应链中，这与奇思"成就伙伴"的使命非常契合，无论是一线员工，还是工程技术人员，又或者是供应商及客户都是奇思的伙伴。精益提倡整个价值流的改善，这就需要我们所有的合作伙伴都能参与其中，精诚合作才能实现。

奇思时刻贯彻"三现主义"（现场、现实、现物），深入了解问题、分析问题，在制定对策时采用 731 方法，充分发挥团队智慧取长补短地整合一个最优解决方案，实施过程中一步到位，真正做到"慢计划，快行动"。通过问题来提供给员工一个学习和实战的机会，打造一个学习型组织，让每一位员工都是改善专家。

因此，奇思时刻将精益原则作为公司发展的一面镜子，每往前跨一步都会反思自己是否遵循精益的原则，甚至在往前跨之前也会参照精益的原则，防止走错方向。如下案例就是我们在现实中实际发生的违反了"现场、现物"原则的例子，违反原则，必然带来损失。

奇思在拆除流水线布局精益线的项目时，工厂 IE 郑工拿了厂房规划图，在电脑前把每条线布置规划好，项目成员看着规整的布局图都击掌庆贺。当精益线在现场摆放的时候发现柱子处的位置不够，原来项目团队没有去车间现场实际测量柱子的大小，而电脑的图纸是基建的图纸，柱子宽度只有90cm，然而此车间在做净化车间装修时把每个柱子都做了包裹，柱子实际宽度已经变成了120cm了。此时，只能重新测量车间所有尺寸，重新布局规划，导致项目进度又延后数日。

精益点、线、面、系统分阶段实施

奇思将精益发展过程分成4个时期：萌芽期、成长期、成熟期和永葆期（目前奇思刚走过萌芽期，处于成长期）。萌芽期就是做试点项目，让每位员工都感受到精益的好处，树立信心，下定决心参与到精益变革中。而成长期则是全面实施精益变革，引进精益方法和工具，公司从上到下各工厂、各部门、各岗位全面开展精益变革。成熟期则是系统化推行精益，建立完善的精益供应链系统，从客户到工厂，再到供应链全价值链都参与精益变革。永葆期就是把精益思想融入到每个人心里，把持续改善当成习惯，为客户持续创造价值，为公司实现经营目标持续助力。

建设好精益文化，让精益思想深入人心

大精益就是不断对现状不满足，不断有更高的追求，无论是制造部还是非制造部，所有人都应该具备精益思想，每个人都应该对现有工作进行改善。每项工作都有改善空间，我们要让改善成为一种习惯。只要我们每个人对自己的工作持续地追求更高的目标，持续地想方设法去改善，产品的质量自然会越来越好，企业的成本也会越来越低，交付的能力也会越来越强，我们的竞争力就会越来越强。最终，我们的每一个改善都是在为客户创造价值；只有心中有客户，时刻为客户着想，为了客户而改善，我们未来的路才能越走越宽，越走越稳。

附录 读书感悟

《精益思想》读书感悟

【原文】

他们把各项管理工作归为如下几类：1.创造价值的工作（定义为线模公司把自己工作的成本传至客户的能力）；2.不创造价值的工作（从客户的观点看），但目前是管理业务所必需的（如帮助公司符合政府法规的环境专家，此为1型浪费）；3.不创造价值且不需要的工作（2型浪费）。

【读书感悟】

近来我们对创造价值的工作做了如下推动。

1. 前期我们已经把生产车间建设成了精益单元线，看到了少人化、精益化的线体给生产效率带来的局部提升，但是近期迫于交付压力因素，一线作业人员的人数从400人增加到1000人，人员的快速增长对精益线的正常运行带来很大的冲击。当下我们计划在每个楼层组建20~30名多能工的团队，以减少新开线体处于效率爬坡时造成的损失。

2. 场地使用价值最大化的改善。现有的场地闲置区域较大，很多地方没有被充分利用（如3个车间外围的过道合计约340m^2，实验室约550m^2，综合办公室人员过度分散等），为此我们对这些闲置区域进行统一规划，以此来填充地下车库退租、4F二车间转租等所带来的场地缺口，实现开源节流。

3. 组织工作开展做减法的运用，如因为我们一直做的原材料检验指导书（SIP）的作用与 2D 图纸的功能存在重叠，没有起到太大作用，所以我们将这项工作坚决地摒弃掉，把时间放在更有意义的事情上。

奇思一厂生技部 TT Bai

【原文】

我们以后将看到这 3 个条件：远见卓识，精湛的技能技巧，对获得成功的强烈愿望。这是任何组织机构进行精益转变的基本条件。有时这些条件能集于一人之身；有时（如兰开公司）由一组领导人所共有。但是，不管开始的情况如何，这些条件总归都是必要的，而且最终必须成为整个组织的共识。

为了加速这一显著变化，帕特·兰开斯特对工人们做了两项承诺。就 1992 年的企业财务情况而言，这些近乎堂吉诃德般可笑的承诺，却证明是成功的关键。首先，他承诺不会有人因为精益转变而被解雇（工作保障）；与此同时，兰开斯特复查了公司的工资政策，并把基本工资从每小时 7 美元调至每小时 8.5 美元。

【读书感悟】

1. 罗恩·希克斯在实施单件流改革的最初，同样有着这样、那样的问题，但是领导者帕特·兰开斯特并没有觉得是罗恩能力不行而放弃，生产经理乔斯·扎巴内也没有觉得是方法不对而放弃，大家一致认可改革的方向，而把重心放在解决新系统产生的新问题上。正所谓"人心齐，泰山移"，组织形成共识，没有内耗，这是成功的第一步。

2. 有的时候员工抗拒精益的一方面因素，来自对精益的误解，觉得精益就是调标工，增加自身工作量；或者觉得精益的尽头，就是用机器替代人工，让自己失业。所以我们在推行精益的时候，要从考虑人性的因素角度去激发员工参与精益，消除其顾虑，让其了解精益活动是帮助他们减轻无效动作造成的负担；同时让其尝到精益结果的甜头，拿到更丰厚的待遇，让其爱上精益活动。当员工越来越多地参与精益活动，享受高收益时，他就越发趋于稳定，工作技能也能同步增长，他所掌握的精益改善的思维和方法，将会成为公司的一笔人力资源财富。

人力行政中心 HRBP Mars Zhao

【原文】

精益思想通过及时反馈来把浪费转化为价值，这能使工作做得比较令人满意。

【读书感悟】

对于 Muda="Waste"，在丰田教科书中的解释是"不会产生附加价值，只会增加成本的所有生产要素"。在精益生产过程中，消除浪费是企业必须要做的。浪费不仅是指物料的浪费，还包含等待、搬运、动作、加工、生产过剩、制造不良等的浪费。消除浪费首先要从思想观念上改变自己，在价值观上重塑对事物的看法，在工作中养成良好的工作习惯，树立将工作踏实、彻底完成的态度；然后通过专业技法的学习与运用，团队协作，持续不断地发现和消除浪费；最后总结经验，将作业和流程标准化，规避问题再出现。

案例分享：这是关于 GB 一次性电子雾化器产品包装需求变更的。SN 由原来的标签打印后贴标更新为镭雕作业，贴标和镭雕设备在不同区域作业，未实现联机连续作业，存在搬运和重复作业动作上的浪费。对此工程团队通过作业区域的重新规划、设备厂内改造的联机和调试，实现了贴标和镭雕的连续作业，消除重复投料、收料、检验及搬运的浪费，单线节省人力 2 人。

奇思三厂生技部 Ben Lee

【原文】

为什么从正确的起点开始来纠正价值的定义如此困难呢？

【读书感悟】

经常可以听到很多人都这样说："我一直是这样做的，也没有什么问题啊"。"一直以来都是这样做的"的这种思维，透露出的是大家都愿意按照自己已经做过的方式、方法去做事，凭借原有的经验及认知处理问题，不愿意面对改变。朱厂长在精益启动会议上的要求，就是要转变思想，敢于面对挑战。精益的理念，就是要打破原有的固化思维方式，先从思想上做转变。

就如同产品质量标准一样，质量并不是一成不变的，但是很多人都有误区，认为质量是不变的，以前就这样的没有问题，所以现在有这样的不良缺陷也是没有问题的。ISO9001 对质量的定义是：一组固有特性满足要求的程度。要求是一个变量，随着客户的要求、市场的要求、法规的要求等在持续变化，当现有的产品特性不能满足要求时，就出现了质量异常。因此，产品的各项质量标准一定要跟随要求的变化而变化，这样才能满足质量要求。

奇思三厂品质部 Ares Chen

【原文】

精益思想通过及时反馈来把浪费转化为价值，这能使工作做得比较令人满意。而且，与当前盛行的流程再造的做法相反，精益思想提供了创造新工作的方法，而不是以提高效率为名，简单地裁员。

【读书感悟】

精益思想，精益生产，精益团队，顾名思义都以精益为中心开展工作，而精益如何让人有感觉，唯一的切入口就是消除浪费。例如，QD0001 和 QD0005 小烟产品项目已经生产快将近 5 个月，生产线在生产过程中还有大量的浪费没有消除掉，我们从有效的价值角度观察，从项目导入到试产，再到量产、交付，中途产生的无效价值过多，而人人都不以为然地认为不存在什么浪费。在通过精益工程师的推动后，我们组建了自己的精益团队，而项目成员也必须有精益思维。在此项目的精益改善过程中，必须要以消除浪费为首要任务。我们通过对每个工位进行实测，发现工段过于烦琐，平衡性很不好，我们就把油杯段分离出来，以 7 人为一个小组，在物料上料、拿取、作业过程中减少了动作浪费，经过 3 天的爬坡期，我们已经做到标产 480pcs/H，UPPH 从之前的 45 已经做到 60，有了一个大大的提升。而以小组为单位作业改变员工的懒惰思维，通过相互的竞争和比较，员工也都能自觉地跟上节奏，这样也消除了管理上分身乏术的浪费。改变必定有一个痛苦的过程，而从一个动作、一个流程上的细致改变，可以让我们有意识地发现浪费就要立刻消除掉，提高我们的成本意识，为我们后续的工作开展提供更有力的便捷。浪费是可耻的，千里之行，始于足下，作为一名基层管理者，要带动整个团队的思维转变，摒弃传统的固化思想，深入研究和改变，为公司的降本增效做更多贡献。

奇思五厂生产部 Bruce Wang

【原文】

精益的方法是要重新定义职能、部门和企业的作用，使它们能对创造价值做出积极的贡献；是要说明价值流上每一点的员工的真正需要，因此，使价值流动起来才真正符合员工的利益。

【读书感悟】

1. 精益的方法就是重新定义价值，之前我们一直以为整条流水线的所有作业都是增值的，也就是说我们在 SOP 上的标准作业时间是增值的。最近在做 QD0001 项目时，工艺时间从 210 秒改善到 157 秒，这时我们发现同样是做一个产品生产周期差异竟如此之大。我们从中发现这改善的 53 秒其实原本就是用在了不是增值的动作上，只是我们"身在此山中"，没有从价值的真正定义去思考。通过这次的项目，我们开始改变思维，从每个工位的动作看真正的增值时间，再与实际作业时间做对比就找到了时间差，这就是我们要去消除的不增值时间。

2. 使价值流动起来。我理解的精益就是要怎么在完成每个增值活动后接着完成下一个增值活动。我们通过顾问专家的指导把组装前加工与组装连接起来，消除孤岛，消除中间库存。同样的精益单元生产线也是通过合并工位，拿在手上连续作业，将零部件一个接着一个地装配到产品上，实现连续流作业。

我们要持续审视现在的作业是不是应有状态，是否有连续作业，中间是否有孤岛和停顿。通过反复审视来持续识别浪费、持续改进、持续进步，通过为客户创造更高价值来使奇思在市场竞争中处于持续领先地位。

精益智造研究院精益部 Lean Huang

《丰田模式：精益制造的 14 项管理原则》读书感悟

【原文】

不带任何成见地到现场实地观察生产状况，对每件事、每个问题重复问 5 个"为什么"。——大野耐一

【读书感悟】

著名的解决问题三现原则：现场、现物、现状。现场是指解决问题要到发生的场所去，现物是对发生问题的产品进行确认，现状需要我们抛弃经验和感觉，而依据事实和数据找出问题的根源。当我们收集到的资料和数据越详细，越有利于后面的原因分析。如之前生产的 GS0037 PCBA 方案板静态电流偏大，我们去生产线排查发现是固定的一个电容器破损引起的，并且从破损的电容器实物来看，很明显是由于外力压伤所导致的，压伤位置有针痕。通过这些细节初步判断可能是测试针压伤，这就将问题排查缩小了范围，并可以快速查明原因，最终排查为供应商测试治具上的探针变形压伤旁边的电容器。结合 5 个"为什么"，即 5Why 分析法进行思考。为什么方案板静态电流偏大，因为方案板上面的电容器破损；为什么电容器破损，因为电容器被压伤；为什么电容器被压伤，因为供应商测试治具探针变形造成压伤；为什么测试治具弹针会变形，因为弹针使用寿命已超期；为什么弹针会超期还在使用，因为没有记录使用次数，造成超出寿命还在使用。最终，我们通过三现原则和 5Why 分析法，快速找到问题根因，并彻底解决，预防问题再次发生；再通过辐射至其他供应商，以预防在所有 PCBA 方案板供应商中发生同类型问题。

质量中心 SQM Danny Yu

【原文】

一个理想状态的单件流作业是零库存，唯有在顾客需要时，才会制造与递送产品。丰田公司所建立的最接近此境界的制度是，只有在需要货品时才按单

定制单件流作业。但是，当各流程作业相距太远，或是各作业步骤执行的周期时间差异太大，无法做到百分之百的单件流作业时，次佳选择往往是丰田的看板制度。

【读书感悟】

很多伙伴在学习完单件流后，想通过按单生产把电池盒、雾化芯、雾化器和包装全部连起来，实现按节拍单件流，但实际上我们每个车间的线体数、产品类别、生产周期、设备产能都不在同一个维度上，如果要强行连接起来，必然会导致人等货、货等人、机等料等这种相互等待的情况，资源也会出现大量闲置浪费，综合效率也很低。所以当出现不在同一维度的时候，我们分两步走：第一步在不能连续流动的中间建立超市，通过消耗拉动前端生产和供应；第二步通过建立生产线和设备小型化，全流程各工序逐步与客户需求节拍接近，可提升整个流程平衡率，最终把超市水位逐步往下控制，当达到 FIFO 的水平时，就可以按节拍把各工序连接起来。这个过程也要把我们量大的订单识别出来，把部分可以实现单件流的产品先建立连续流，再逐步扩大单件流比率，其他多品种小批量的订单则采用看板拉式。因此，我们在推行精益的过程中，针对我们订单业务繁杂的情况要分渠道建立不同的生产模式，分步去实施单件流，不能采用"一刀切"的思想把所有订单业务通过一种模式来运作，或者在变革时有一步到位的激进心态，我们既要保持对单件流的追求，也要循序渐进地改进，以免在改进过程中碰壁。

精益智造研究院精益部 Lean Huang

【原文】

在推式生产方式下，产品的生产依照事先制定的计划（时间表），即根据预测的顾客需求来决定生产及采购订单，生产线依照时间表不断地生产，但是，顾客的需求随时可能改变，状况也随时可能出现，依照时间表的生产方式会造成什么后果呢？

【读书感悟】

1. 每期的预测，都要结合当期的产销数据、市场和供应链的实际情况进行综合分析，寻找差异产生的原因，逐步提高预测的准确性。信息部 5 月下旬启动 BI 营运监控平台《预测优化专题》的规划。

2. 预测和订单冲减后，经过运算产生生产计划 MRP，排产后转换为工单和采购需求计划。工单的工艺路线要尽可能遵循单件流原则，工序与工序之间无缝连接，取消存货，在提升生产效率的同时让问题立刻浮现。

3. 采购需求要和生产计划联动，结合各类提前量和安全库存形成供应商的交货计划，实现"拉式补货"。信息部和一厂资材部 2020 年在 SCM 系统中规划和实施了供应商交货协同模块，在包材大类上进行了试点推行，效果不太理想。推行不顺的原因分析和解决方案的刷新初步计划 6 月展开。

精益智造研究院信息部 Owen Liu

【原文】

原则 7：通过目视化管理使问题无所隐藏。

【读书感悟】

所谓目视化管理，是指在工作场所，让人们一眼就可以看出应该做什么，目前工作进度如何，以及显示出的各种问题，从而去改善，目视化的目的就是改善价值流。工厂正在积极推行信息化进程，如生产部、资材部运用的各类看板及 BI 目视化图表，实现数据共享，让大家知道实时信息，确保作业与流程的快速适当执行。

财务部在 2022 上半年根据公司战略需求，与信息部开发了相应的 BI 目视化图表，如管理报表和工厂报表，能将各项指标数据（如盈利率、人均产值、库存周转天数等）迅速反映给公司领导，一旦进度或目标有所异动，都可以从中发现问题并及时调整。同时也让财务小伙伴节省传统手工化作业时间，有更多的精力给公司创造其他方面的价值，这也是精益改善的一种表现。

目前，财务部积极和信息部准备工厂报表预实分析线上化，实现目视化管理。通过预实分析，可以快速了解各 BU\中心达成率情况，从而根据实际情况适当改善及调整。

一套完整的目视化管理系统有助于提高生产效率，减少瑕疵和错误，促进在期限内完成工作，加强沟通，降低成本，创造价值。

奇思三厂财务部 Best Fang

【原文】

标准工作说明表及其中包含的信息是丰田生产方式中的要素，生产一线上的员工要写出一张让其他人能够了解的标准工作说明表，他必须相信这张表的重要性……避免瑕疵产品、作业失误、意外状况等重复发生，并纳入工作者的想法，这样才能维持高生产效率，这些之所以能做到，全是因为一张不起眼的标准工作说明表。——大野耐一

【读书感悟】

在制造业当中标准化是一门科学，他最早是由科学管理之父泰勒提出来的。标准化之所以称为标准，是因为它是一系列经验的总结，是一种在现阶段最佳的作业方式。不管是对产品的质量控制方面，还是产出效率方面或作业者方便作业方面等都被考虑进去了。标准化文件需要控制版本，如果有新的好的作业标准则需加入进去，并不断更新标准，更新版本，所以制定一份好的全面的 SOP 很关键。有了好的标准，也需要对作业者进行培训，只有他们熟悉了标准的作业方式，在生产线作业时才能保质保量完成生产任务。所以标准化作业是否被有效执行也很重要。作为 SQE，经常参加供应商稽核。供应商的各种作业是否标准化，关系到来料质量的稳定，所以一方面要看供应商是否有标准化文件 SOP，文件是否受控并为最新版本，以及看供应商是否按照标准化文件要求在有效执行，是否有执行记录及相关证明；要审查执行记录是否真实。另一方面看供应商物料在我司发生质量问题后针对物料的失效分析后的改善，以及预防对策是否形成标准化文件，以防止问题再发生。这同样需要供应商提供标准化文件。

质量中心 SQM Danny Yu

【原文】

（5）存货过剩：过多原料、在制品或最终成品，导致出现较长的前置期、陈旧过时品、毁损品、运输与储存成本及延迟。此外，过多存货还会造成其他隐性问题，如生产不均衡、供应者延迟递送、次品率上升、机器设备停工、拉长整备期。

【读书感悟】

1. 精益三期——精益物流，做库存拉式管理项目，用最低的成本和优化的库存来满足交付。柏老师给项目成员培训供应链管理知识，要大家用供应链的眼光来看待库存。库存是计划出来的，或者说库存是被规划出来的，都是有数

据支撑的，而不是凭着个人的经验和感觉来定库存水位。

2. Lean Huang 教我们根据物料的价值和可预测消耗，用 ABC-XYZ 九宫格库存分析工具快速把物料进行分类，并且识别出哪颗物料超过了合理的计算值。当物料库存水位设定好后，可以进一步规划仓库面积、大小、设施。

3. 厂内作业流程从先做计划到再进料，从有一些瓶颈物料无法齐套，导致物料等待、加急配送和生产转线次数，转变成 PC 随时有库存可排产、物料齐套配送、可均衡生产，这减少了物料等待浪费、搬运浪费和生产频繁转线的浪费。

4. 2021 年成品库存数量高达 356 万元，2022 年成品库存数量降至 191 万元，减少了约 165 万元。

奇思一厂资材部 Aimee Tang

【原文】

八大类未能创造价值的浪费。（8）未被使用的员工创造力：由于未使员工参与投入或未能倾听员工意见而造成未能善用员工的时间、构想、技能，使员工失去改善与学习机会。

【读书感悟】

1. 做过精益的伙伴都知道我们通常说的七大浪费，而第八大浪费很少被提及，这也是我们往往容易忽略的。实际上这一条也是非常重要的一个环节，如果这个环节做不好，改善效果也会大打折扣。在这次改善项目中我深有体会，从正式建立精益 Cell 线，员工从原来的流水线单一动作岗位，逐步过渡到 Cell 线多动作岗位，经历了最初的反感、抱怨、退缩，甚至有退出的现象。经过对员工正确引导，培训，讲解，提高技能，让员工参与改善，使员工从原来的旁观者转变成了参与者，员工逐步拥抱变化，接受挑战，从中受益。最终，员工实现了蜕变，项目改善效果也进一步提升，离我们的目标又近了一步。

2. 这一条与"4P 模式"中的第三个层级是相通的，即充分发挥员工的主观能动性。精益改善不是公司领导的事，也不是小组某个人的事，而是全体员工的事，因为这些是与我们每个人息息相关的。精益改善就是需要全员参与，对待员工/合作伙伴，要尊重他们、挑战他们、使他们成长，充分发挥团队合作，逐步培养具有精益思想的现场管理干部及员工，假以时日，逐步打造一个符合奇思/基克纳文化的学习型组织。相信我们在精益的路上定会越走越远，再攀新高峰，再创新辉煌。

质量中心 SQM Teagle Tan

【原文】

正树邦彦在丰田公司服务的生涯中，历练过许多工程与制造部门，那里的目视化管理简捷而有效。因此，他很自然地会把 5S 原则应用于丰田技术中心的办公室工作环境。他每年两次视察每位员工的办公桌，检查他们的档案柜（丰田的文件保存设施之一）是否井然有序，以及是否有不需使用的文件存放在档案柜里。在丰田公司，档案整理有一定的标准，正树邦彦查看员工们的档案整理是否存在有违标准的情形，并根据视察结果提出报告与考评，若某方面有缺失，员工必须提出纠正计划，并制定复查时间，以确保缺失获得改正。

【读书感悟】

目视化的管理，就是明确告知大家应该做什么。如要做到早期发现异常情况，使检查有效，则需要做到视觉化、透明化。就如我们管理的人事档案等，很多公司在档案管理上比较混乱，毫无章法，盲目地依靠系统。由于自然的和人为的各种因素，档案总是处于渐变性的自毁过程，甚至可能遭到突发性的破坏，为了解决档案的不断损毁和长远利用的矛盾，就需要将档案妥善地保管起来，采取各种保护措施，保证其完整与齐全，尽量延长其寿命，这就形成了档案的保管工作。

档案的前身是文件，而文件是随着工作活动分散形成的，为了今后使用方便，需要对分散的文件加以挑选，选择其重要的一部分集中保存，以备今后利用，这就形成了档案的收集工作。

2019 年，档案按照部门分类管理，以一份一袋的文件袋式存储，经常性在需要用到档案资料时发现文件的缺失，或者是在入职的时候就把档案文件不完整地归档，或者是人员部门调动，档案未及时更新至新部门。我们经过了各种的尝试，从部门分类，到现在的抽式文件柜按工号排序管理，入职的相关文件、资料按序列整理存档，离职员工的档案到保存期限后抽出封箱管理，就是为了确保在有需求的时候，能够快速地找到正确的资料。

人力行政中心 SSC Pan Pan

【原文】

神谷正太郎最终为丰田建立日本的经销商网络，也把丰田汽车推向美国市场，最后，他还被推选为丰田的荣誉主席。神谷正太郎说过的一段话适切地反映出他毕生倡导并深深影响他人的"顾客至上"理念。

【读书感悟】

企业要发展、要盈利，其利润来源是客户，因此企业的日常工作都必须以市场为向导，以客户价值创造为核心来开展。如果企业偏离了客户价值创造的发展定位，不管之前曾取得多么辉煌的成就，那么接下来可能被客户所抛弃，被市场所遗忘。客户是唯一能够解雇我们所有人的人，他只需要不给我们下订单就行了。其实，深入思考就会明白，我们在企业内所从事的一切活动，最终都需要客户来买单。因此，在日常的生产过程中我们要不断深入了解客户每个时期对产品的性能及品质等要求，根据客户的要求，结合公司的实际，所有部门要一起讨论既满足客户要求，又不让公司增加成品的方案，选出客户接受的最佳方案，使公司利润不受影响，订单一直稳定。另外，各部门要不断地进行精益生产，降本增效，为实现公司的中长期目标而努力。

奇思五厂品质部 Bert Ou

【原文】

传统的流程改进方法注重找出提升局部效率——检视机器设备与创造价值的流程，缩短正常运行时间，或使生产周期加快，或是以自动化设备取代人力。

【读书感悟】

五厂包装段现状：现行产品 4 个类别产品，包装段工艺相似度达到 90%以上；包装线前半段，全人工操作，整线操作人员+间接人员达到 50 人，人数多，员工在车间内压抑感强；工艺重复性高，扫码工序类似，如有小盒扫码、中盒扫码、外箱扫码绑定；不同口味或者工单切换，换线时间延长；节拍时间1.5 秒，无价值动作浪费大。针对包装车间现状，导入全自动化设备，单线人力由 50 人缩减到 20 人，减少车间的压抑感，提升人员工作舒适度；消除重复性工艺，一次性完成 3 次扫码绑定，简化工序；自动化代替人力，缩短换线时间；设备联动，消除不增值的动作浪费，加快生产周期。自动化设备的导入，大幅度降低对于人员熟练度的依赖，适合五厂现阶段发展的需要，自动化创新无极限，我仍在努力。

奇思五厂生技部 Josh Zhang

【原文】

相同的道理也适用于整个企业或大型项目工程，让个别部门以批量方式执行个别的工序，然后再整批送往其他部门，一定会使工作完成时间拖长，衍生过多繁文缛节的官僚作风，为每个部门制定各种控制标准，并产生不少未能创造价值的职务以监控流程，许多时间将被浪费在等候决策上，其结果将是混乱与质量不良。把那些执行创造价值工作的适任人员组织在一起，使他们以整合流程的方式作业，你就会加快速度，提高生产力，并获得质量更佳的成果。

【读书感悟】

平常在工作中体现出来的问题矛盾点，往往可以从流程上去全面分析，从分析的过程则能很清晰地判定问题产生的末端原因。在2022年一厂的生产体系中从流程优化方面解决过程的巨大浪费的案例还很典型。

1. 生产胶囊工艺与包装工艺的结合。

原生产流程：芯子入库——领出——过胶囊——入库——包装。

以上一个简单流程的整合变更，解决的是重复入库的无增值动作。

2. 车间物料供应模块的资源整合（仓库物料员与生产物料员职能整合）。

A. 目前物料配送问题经常性导致生产线停线，待料。

B. 物料配送的周期太长，平均配送1次时间约4小时，过程涉及2次物料数量交接（仓管跟配送交接，配送跟车间物料员交接）。

C. 间接成本目前太高，从运营数据分析看，间接成本占比48%（对比其他公司40%占比高出很多）；急需对间接人力进行优化。

以上案例中的流程整合虽简单，却可以快速地解决烦琐的流程导致过程的严重浪费。

奇思一厂生产部 Ivor Liu

【原文】

原则14：通过不断省思与持续改善以成为一个学习型的组织。

【读书感悟】

对任何一个人或团队来说，承认自己的错误、将自身的缺点展现出来剖析改进、离开原有的舒适圈去展开陌生的挑战，无疑都是相当困难的，更何况不间断地长期践行。所以，成为一个学习型的组织注定是一个艰辛且漫长的过程。

针对财务部对精益思想的学习与践行，个人分享如下。

第一，作为支撑部门，要为我们的内外部客户提供精准优质的服务，想客户之所想，急客户之所急。

（1）2022 年 10 月，政府突然出台电子雾化器征收消费税的相关政策，基于此政策，客户要求我司将所有 10 月 31 日前交付的产品全部在 10 月 31 日前开具增值专税专用发票。一厂也同步接到其客户的开票要求。一厂与五厂共用开票系统，时间急票量大，按客户要求开票一下子成了不可能完成的任务。经过一厂、五厂伙伴的商量决定：财务部也尝试白夜班，一厂白班开票，五厂夜班开票，开票设备 24 小时不停歇。最终，两个厂区都按时完成开票任务。我们的配合度得到客户的认可和点赞。

（2）平日工作中，我们耐心地和各业务部门沟通，在符合财务管理制度的前提下，持续梳理优化业务流程，哪怕会增加财务部的工作量，我们也尽量满足业务部门的需求，以便业务部门伙伴能更快更好地完成其本职工作，提升客户满意度。

（3）在向公司管理层汇报工作时，我们变革求新，改变财务行业通用的按财务标准报表输出数据指标给管理层的旧习惯，主动找管理层沟通，了解领导对财务数据指标的具体需求，在标准报表之外结合运营管理需求附加输出部分财务数据和相关指标，助力管理层提高用财务数据说话的业务决策能力。

第二，作为公司财经纪律和内控管理监督部门，我们首先要严于律己，其次还要经常向公司相关领导及同事宣导财务合规要求、风险防范、内控管理制度等，提醒领导及伙伴不仅在业务工作上要经常反省，在纪律要求上也要经常自我反省。

第三，财务部要积极学习、理解精益思想，不仅要将精益思想运用到财务预、核算工作中，还需深入业务、生产一线，提前了解其业务详情动向等，必要时及时预警并推动修正，参与运营而不是每个月只做好月结向管理层汇报一下结果即可，要助力公司降本增效提升利润，并向着预期的目标稳步迈进。

2021 年末 2022 年初，五厂建厂伊始，项目成员来自五湖四海各行各业，一时之间，场面一度有点混乱，SOP 规定线体标准人数 45 人，实际一条线挤了 70 人，交付仍然难以完成，生产效率一言难尽。团队意识到问题的严重性并承认自身的缺点，虚心向各兄弟厂区及相关公共平台伙伴求教，频繁召开检讨会议（财务部作为团队的一员始终积极参与其中），最终确认我们最薄弱的工序在油杯制作，这个前工序效率太差，后工序的员工经常在等待中浪费工时。财务部立即将此情况汇报给厂长，建议立即将油杯工序从大线体中拆分出来，成立油杯生产专线。厂长确认情况后立即指示相关部门责任人果断采取行动：不仅立即拆分并成立油杯专线，并且立即启动导入合格的油杯加工商，将油杯委外生产以锁定成本。最终，通过五厂团队、各公共支撑部门（特别鸣谢精益部）、各兄弟厂区的共同协作努力，2022 年度的主要型号产品制造成本持续下降，至 12 月，比年初 1 月下降约 58%。目前，五厂在总经办的指示下，还引入了自动油杯生产线，实现油杯生产自动化。待设备达到设计产能后，油杯制造成本有望成几倍地下降。

总之，财务工作永远有优化提升的空间，同时希望领导及各业务部门伙伴帮忙给出更多更好的意见和建议以助力我们成长。在此感谢！

奇思五厂财务部 Bell Chen

《现场改善：低成本管理方法的常识》
读书感悟

【原文】

自我改进非常重要，我们这样告诉蓝领员工：无论做什么，只要能使自己成为改善高手，总是对自己有好处的，如果他们换一份工作，这个好处也让他们受益，正是由于自身也能从中受益，才使得他们乐于投入各种培训之中，并学到更多。

【读书感悟】

今年做三期项目，精益线管理标准化，GM0007 机型由 7 人组改为 6 人组产能不变，每组减少 1 人。刚开始在做岗位调整/合并的时候，很多员工不是很理解，积极性不高，后面通过我们现场培训与讲解，并告知改善的好处，使每个人都体验到了改善带来的方便与轻松。

1. 首先我们对各岗位物料摆放进行了调整与定位。这样员工在作业时拿取物料更加方便，不用去摸索或去寻找。

2. 产线设备摆放位置的调整。例如，点胶机之前是放在两个岗位之间的，取放产品时很不方便，一天下来员工会很疲惫，后面我们把点胶机摆放到精益物料架上面。这样点胶取放就非常方便了。

3. 物料容器的更换使员工在拿取物料时更加快捷。

只有员工真正地体验到了改善带来的方便与轻松，后面才会更加积极地提出自己的改善意见。针对员工提出的改善意见，我们会进行评估和实施。对于改善的好与坏，我们只要去听员工的心声，就知道我们的改善有没有效果。在后面的工作中我们要多鼓励小伙伴提出好的改善意见，使人人参与改善，我相信在改善的道路上每个人都会发挥出自己的光芒，让我们人人都成为改善高手。

奇思一厂生产部 Chris Ou

【原文】

改善代表那些较小的改进，来源于持续不断的努力；创新则是指那些剧烈的改进，依靠的是对新技术或设备的巨额投资。

【读书感悟】

我们要做的改善其实就是做一些很小的改进，不需要较大的投入。一个小小的动作，哪怕是一个动作节省零点几秒的时间，它都能给我们带来意想不到的惊喜。我曾经看到一句关于改善的"0.6秒法则"：凡是可以节约0.6秒作业时间的改善都值得管理层高度重视。举一些简单的例子：①本来一个物品放得较远，员工要伸胳膊去拿，现在放得近一点点，这就是0.6秒的改善；②本来员工要弯腰拿一件物品，现在物品放得高一些，随手就可以拿到；③作业优化中，省掉一个小步骤，节约了0.6秒。而在我们生产现场，看到一些员工自己做的小改善，非常有价值，也符合0.6秒的法则。在我们QF系列生产工序中，有一个岗位是装O型圈；许多作业员在装O型圈时，都是每安装一个O型圈，就到物料盘里再取一个。偶然有一天，我看到一个作业员，她把近20pcs的O型圈一起串在她食指上，这样她就省略了每次都要到物料盘拿一次的时间，虽然拿取O型圈只用了不到1秒的时间，但这小小的改善使她的作业方便了许多。对于同样的工作，我发现她做起来比别的作业员轻松许多。又有一次，我看到为产品装硅胶塞的作业员，大多数作业员都是将硅胶塞放在一个物料盘内并将这个物料盘放在左手边，而在操作过程中是两只手同时拿取硅胶塞的，他的右手就要伸出更远的距离到左手边的物料盘内拿取1pcs胶塞。我发现有一个作业员用两个小的物料盘装了硅胶塞放在岗位两旁，这样他在拿取硅胶塞时两只手都能快速拿到物料而不需伸手到更远的距离，这样的做法遵循了人体的运动协调性，也让他的工作更加轻松。所以，生产作业中的绝大多数动作改善都符合0.6秒法则，只要我们善于观察和发现，改善总是存在于我们身边。

奇思三厂品质部 Cameo Huang

【原文】

交付是指按时按量地送达产品或服务。管理者的职责之一就是及时地将所需数量的产品或服务送达到客户手中。

附录
读书感悟

【读书感悟】

在阅读《现场改善：低成本管理方法的常识》中关于交付的章节后，我对于如何确保供应商将原材料及时交付给公司有了更深刻的认识。管理者在交付过程中的重要责任，其中之一就是确保采购的产品或原材料能够及时送达生产线。对于我们而言，原材料及时交付起着至关重要的作用，它直接影响产品生产和客户满意度。作为执行采购部门的一员，要采取一些有效的措施来最大限度地降低供应链风险和减少延误导致的生产线中断。

首先，密切与供应商沟通，并建立良好的合作关系。保持经常性的沟通，了解供应商的生产进度及交货时间表的可行性。通过与供应商建立良好的双向沟通渠道，可以减少潜在的误解和交流障碍，确保双方清楚交付时间和要求。

其次，我会定期监控供应商的绩效并进行评估。通过对供应商的质量、交货可靠性和配合度进行评估，我们可以及早发现存在问题的供应商，并采取相应的纠正措施。这有助于确保供应商保持高水平的服务和交付可靠性。

最后，我还会与供应商共享公司的生产计划和需求预测。通过提供准确的预测信息，供应商可以更好地规划生产和物流，从而提前做好准备并确保准时交付所需的原材料。

除此之外，我会与其他相关部门进行紧密合作，特别是生产计划和质量团队。通过定期的沟通和协作，我们可以共同识别潜在的风险，并制定应对措施以减少潜在的交付延误。

通过措施的有效落实，不仅可以减少供应链风险，确保供应商将原材料及时交付给公司，以维持生产线的正常运转，还可以提高生产效率和产品质量，能够满足客户对于及时交付的需求。我将积极履行管理者的职责，与供应商紧密合作，共同推动公司的持续发展。

奇思一厂资材部 Judy Yan

【原文】

一般而言，如果一家公司的不合格率还停留在百分比的水平上时，一些基础的改善活动，就可以让这家公司发生戏剧性的改进。比如，审查作业标准、做好厂房环境（5S）、收集不良品数据以及进行小组活动以解决问题。

【读书感悟】

1. 目前公司质量水平及供应链质量水平，大部分都停留在百分比的水平，这样看来只要我们做好基础的改善活动，质量水平就可以上一个台阶。

2. 书中提到的基础改善活动包括 4 个方面：作业标准、现场环境（5S）、质量数据及小组改善活动，其中前 3 个是打基础，也就是基本功，相当于中国功夫里面的"蹲马步"。马步不稳，很多上层功夫一定学不好。质量改善也是一样的道理。

3. 这 3 个改善活动也是有其内在逻辑的，其中作业标准是最重要的，只有明确了作业标准（包括质量标准），加上现场环境（5S）的维持，收集的质量数据才会更可靠，才有更大的分析价值，否则生产的变异性很大，以至使用再高深的技术也无法得到好的改善效果。

4. 最后的小组改善活动，是在前 3 个基础之上采取的行动措施，具体包括推行现场五项金科玉律，训练员工，取得员工承诺，鼓励开展小组活动，制定提案建议制度，以及制作简单的夹具及工具，让工作更容易做，且结果更可靠，即引入"防呆"思想。

5. 石川馨博士有句名言"下一道工序就是客户"，这一理念经常被概括为对不合格品的三不政策"不接受、不制造、不流出"。当组织中每一位成员都认可并践行这一原则时，一个良好的质量保证体系就成形了。

6. 作为公司的质量部门，目前阶段，我们正在做的，也是最重要的工作就是基于目前的质量水准，做好文中提到的 4 个基础改善工作，推动供应链建立良好的质量保证体系，假以时日，供应链的质量水平一定会上一个新的台阶。

质量中心 SQM Teagle Tan

【原文】

如果说将问题目视化是目视化管理存在的第一个理由，那么第二个理由，就是要使工人和主管人员直接接触现场。目视化管理是一种用来判断现场是否受控，并且在异常发生时发生报警的实用方法。实施了目视化管理之后，现场的每个人都能够处理和改善流程，从而实现 QCD 目标。

【读书感悟】

上面这段原文的重点有几点。

第一，目视化管理是用来判断现场是否受控的，但是在我们车间，首先，我们目视化管理的重心更偏向了关注一些日常重点的指标项，如日指标和周达成指标。这些都是时间间隔较长的指标，对于生产线来说，管理这些指标只能做"事后检讨"，而无法将目视化的目的发挥出来。

第二，目视化是在异常发生后发出报警的实用方法。我们的现场目视化看板上面，每小时产出在很多时候会出现异常，但是从数据上面竟然都无法一目了然地发现异常的存在。更多的是要等到出现异常影响而无法挽回的情况下才会暴露出来，这样的目视化管理早就如"水中月"一般，好看却不实际。

第三，实施了目视化管理之后，现场的每个人都能够处理和改善流程。这一点结合实际出发，我们做目视化的更多目的是做给别人看，做给想看的人去看，而身处一线的员工基本没有人去关注，出现问题后，第一时间想到的是寻找工程师的去解决，而非现场的每个人都能处理。目视化更多的是反馈直观的数据达成，而非数据背后存在的流程问题，我们的生产线不爱去记录问题。这一点无法对接改善流程这样的高度。最后只能遇到一次异常处理一次异常，甚至绝大多数员工不知"流程"两个字的意思，不明就里，最终无法让员工很好地参与其中。失去员工的参与度，对于生产线的现场改善就是为了完成上级交代的任务，既沉重又乏味，久而久之就会成为一种负担，现场失去生机。

这就是我对于原文这段话结合生产线现状的理解，也是后续现场目视化管理的改善方向和思考。

奇思一厂生产部 Thomas Wei

【原文】

在这里，质量指的是产品或服务的质量。然而从广义上说，质量也包括产出这些产品或服务的过程与工作的质量。我们可以称前者为"结果质量"，而称后者为"过程质量"。依照这个定义，质量贯穿了企业活动的各个阶段——产品或服务的研发、设计、生产、销售和服务这一系列过程。

【读书感悟】

文中提到的传统观点认为质量主要与生产过程有关，于是将改进质量的主要注意力放在现场，尽管生产制造工艺一直是质量管理最重要的支柱之一，然而大家越来越意识到设计、产品的概念以及对客户需求的理解这些环节，要优先于现场的生产工作，因此这些环节的质量也至关重要。我从中联想到了实际生产中遇到的中小盒上喷码信息及贴防伪标签的包装盒问题，对于喷码信息客户有增加内容的需求，而盒子的设计预留给喷码信息的空间非常有限，导致喷码不良偏高，质量管控难度大。关于防伪标签，包装盒上设定了标签位置，但位置与防伪码大小一致，上贴标机根本无法作业，质量不可控，最终只能临时采用手工细贴代替设备进行贴覆，造成了人力、物力上的很多浪费。因此，结合生产当中遇到的重重事后现象，我觉得我们更多的应该要走在前端，充分地利用好 DFMEA 跟 PFMEA 这类的工具，在拿到客户需求时，结合公司的生产制造能力用最低的成本做出质量最好的产品，不仅能减少生产过程中不必要的物料人工损失，同时也能给我们的客户提供更好的质量及服务，实现双赢局面。

奇思三厂生技部 Gary Liu

【原文】

一旦有问题或者不正常的现象发生时，管理人员必须加以调查，找出根源并修正现行标准，或者实行新标准来防止问题再度发生。标准化已成为现场改善的基本部分，也是日常改进的基础。

【读书感悟】

关于 lowit 烟弹近期出现的硅胶变形堵孔导致口味淡问题，我们发现的根本原因是制程管控没有识别到此问题。作业员不知道装配时会造成堵孔问题，全检员不清楚需要检查堵孔不良，吸阻测试时，堵孔不良品吸阻测试在吸阻标准范围内不能被拦检出来。在发现此问题后，团队更新了 PFMEA、QCP、SIP 及 SOP，明确了堵孔不良缺陷及作业注意事项，制作堵孔不良警示图，对相关人员进行了培训，收严吸阻测试管控标准并更新到 SOP 中。这些文件及标准的更新修订，就是为了防止我们在后续再出现类似的问题。

现场目视化管理及标杆线的搭建，往往是刚开始时做得很好，但是过了一段时间又变回去了，反反复复改善的效果不明显。经过分析，还是我们的标准化出了问题，没有一个明确的标准出来，导致生产各线体自己发挥做了几天，就变了样。生技部目前着手制定的现场目视化管理的标准，将各个工序进行标准化，就是为了改善这样的现状。

附 录
读书感悟

标准化是所有改善的基础，改善的方案再好，没有标准化来让改善方案去落地，最终也只能是一场空。

奇思三厂品质部 Ares Chen

【原文】

Sonae MC 的首席运营官曼纽尔·丰托拉认为，从今天看来，公司 5 年前的决定毫无疑问是正确的。他说："如果没有走改善这条路的话，我们会和现在的状况相距甚远。改善不仅是一个方法论，而且是一种生活方式。就像我们的 DNA 发生突变一样，改善已经超越了一线作业的范围，延伸到了公司的其他领域。"

【读书感悟】

改善作为一种方法论，是每一个精益人必备的基本技能，我们要敢于建立标准，它是改善的前提条件。然而标准不是亘古不变的，团队要敢于打破既定的标准（先立后破），那么我们的工作输出才会产生更好的结果，才能有自己的竞争力。

我们不难发现团队中有很多小伙伴具有非常超前的想法，可以说是经常打破常规，值得我们大家去学习。例如，针对 GV 雾化器+雾化芯小盒产品取消贴透明贴这个动作，我们一直在改善设备的产出良率，保证透明贴不起翘，不偏位。此时 ECRS 原则中的（E）起到了关键作用，这不仅将人工贴标的 20 余人全数优化了，对产品的品质也没有任何损失。

随着改善理念不断深入人心，我们的团队把目光聚焦到贴防伪码这个工位，在车间巡查我们不难发现除两条全自动化线是在用设备贴防伪码外，车间其他区域手工贴标人数不少于 15 人。深入分析后发现我们的各种盒子的贴标位置不一致，没有形成规范化设计。自动线贴标机无法全部兼容各种位置的盒子。我们继续分析，在产品贴标位置不能实现短期内快速统一的情况下，我们向内寻求突破，我们只需要供应商配合我们提供一定比例的竖标防伪码给我们（目前生产使用的全为横标），就可以利用半自动化设备替代所有的手工贴防伪码，在推进少人化的同时，大大提升了产品的生产效率。

奇思一厂生技部 TT Bai

【原文】

所有的工作都由一系列的工序组成，而且每一道工序都有自己的上游供应者和下游客户。由工序 A（上游供应者）提供的一种物料或者一条信息，被工序 B 处理和改进，然后被传递给工序 C。下一道工序应该被当作客户。

实际上，"下一道工序就是客户"这句格言指的是两种类型的客户：内部客户（在公司里面）和外部客户（在外部的市场上）。

大多数在组织内部工作的人都在与内部客户打交道。这种理念应该被理解成这样的承诺：绝不将有缺陷的零件或不确切的消息传递给下一道工序。当组织里的每一个人都践行这一条信念时，市场上的外部客户也会享受到高质量的产品或服务。成为一个真正的质量保证系统，就意味着组织里的每一个人坚信和践行这一信条。

【读书感悟】

在日常配送工作当中，物料配送能否按时按质完成，会直接影响到下一道生产工序乃至整个产品交付的顺利实施。因此，树立"下一道工序就是客户"的理念至关重要。我们需要在仓库职工中树立"下一道工序就是客户"的理念，提高上、下道工序交接中的物料与服务的质量以及工作效率。

配送人员只有了解下道工序生产人员的要求和期望，通过分析判断，从中发现本工序在物料、服务等方面与下道生产工序需求间存在的差距和不足，积极采取有针对性的对策，及时改进，才能使效率质量、服务质量得到提高。与此同时，生产工序人员也应及时向配送工序人员反馈问题，双向沟通协调解决。知者行之始，行者知之成。让我们从自己手中的每一道工序、每一个流程、每一个物料、每一份文件入手，共同树立"下一道工序就是客户"的质量理念，提升仓库全员为满足客户需求而共同努力的意识，在一点一滴中有效提高我们的配送及时率、服务合格率。

奇思三厂资材部 Deanlee Li

后　　记

　　精益对企业来讲是一个绕不开的话题，对制造企业更是如此，相信很多企业在经营管理中如不提及精益，都会有一种莫名的焦虑感。企业竞争力如何保持领先的态势，才能在众多同行中或跨行企业中脱颖而出？一个好的商业模式、一个好的产品、一个优秀的人或一个领先的供应链都可以让企业在某段时间走在最前列，有不错的收益和增长；一个系统的方法论或一个匹配的流程体系，能调动企业最佳资源让集体的力量得到极致发挥，同样会让企业长期处在一个领先的位置。但每个组织构成的个体是人，而人是自我构建、自我实现的生命体，一个思想的形成更在一定程度上决定了组织中个体有意识和无意识的行为，这些行为又成为企业发展关键因素，所有企业的基业长青发展是需要站在思想层面去建设的。

　　根据这些的理解和思考，我和董事长张升伟先生经历了从 2019 年开始的组织变革构思，基于组织发展不同阶段的需求，以及经营管理中不同阶段的问题解决，将"OKR、IPD 和精益（Lean）"三大思想作为企业发展的管理抓手。

　　如很多企业一样，奇思很早就在厂级业务单元开展了精益化、自动化和信息化活动，有一个直观的数据可以评判这些活动的推行是流于形式，还是真抓实干的。从经营数据结果来看当时的精益化、自动化和信息化更多是停留在口号与形式上，是在寻求一种心理慰藉来消除管理者的焦虑。2020 年初，虽然注意到奇思的这些不足，但并没有急于纠正和推行精益。相信大多数管理者在实际工作中能体会到，当提出一个方向的时候，会有追随者、观望者和质疑者，甚至还有反对者。如果贸然去强行推行结果大概率会演变成一场运动，最终流于形式，草草收场。这时，则需要管理者根据企业的发展阶段寻找契机或制造契机，让方向成为一种需求，成为解决实际问题的一个有力工具，让大家形成习惯和依赖，进而推波助澜，慢慢形成一种思想，从而在企业文化中扎根下来，周而复始。

　　2020 年，我们先通过"端到端"全流程拉通解决产品开发的问题，同时以

OKR 对战略目标进行对齐和分解，推动财务业务化的双维度核算，让每个业务单元参与到以市场为导向的经营活动中来，实时了解经营现状。此时，每位经营管理者迫切需要一个工具或一个系统方法论来解决他们当下面临的经营难题。在做了这些铺垫后，精益的推行就迎来了一场"久旱逢甘霖"的最好时机。

当然，我们的精益实践还在初级阶段，仍有很多不足之处，但我们会不断地实践和优化，找出最适合企业发展的精益之路，从而为三化融合（精益化、自动化和信息化）发展奠定最有力的基础。出版这本书目的是给刚启动精益变革，在数字化转型或在推行精益过程中遇到不畅的企业做一个参考和借鉴，也期待行业专家学者和企业管理者的指导和斧正。

杨廷旺（Allen）